Anonymous

Denkschrift der Vororte Wiens über die Folgen

einer eventuellen Hinausrückung der Verzehrungssteuer-Linie

Anonymous

Denkschrift der Vororte Wiens über die Folgen
einer eventuellen Hinausrückung der Verzehrungssteuer-Linie

ISBN/EAN: 9783744620406

Hergestellt in Europa, USA, Kanada, Australien, Japan

Cover: Foto ©ninafisch / pixelio.de

Weitere Bücher finden Sie auf **www.hansebooks.com**

DENKSCHRIFT

DER

VORORTE WIENS

ÜBER DIE

FOLGEN EINER EVENTUELLEN HINAUSRÜCKUNG DER VERZEHRUNGSSTEUER-LINIE.

WIEN 1884.

IM SELBSTVERLAGE DER GEMEINDE-VERTRETUNGEN DER WIENER VORORTE
(REFERENT GEMEINDERATH E. RUZICZKA).

INHALT.

	Seite
Motive der Denkschrift	5
Vermögensstand und Gebaren der Vororte	9
Verzehrungssteuer und allgemeine Steuerverhältnisse der Vororte	14
Referate an den Magistrat und die Vororte-Commission des Gemeinderathes von Wien	21
Beleuchtung dieser Referate	25
Umfang und Culturen des projectirten Gebietes	30
Folgen der Einverleibung in finanzieller Beziehung	33
Verschiedenheit der Bevölkerung in der Stadt und in den Vororten in Bezug auf Wohnverhältnisse und Berufsarten	38
Verhältnisse des X. Stadtbezirks	53
Folgen der Einbeziehung in wirthschaftlicher Beziehung für die Vororte und die Stadt selbst	57
Resumé	63
Anhang: Tabellen.	

Motive der Denkschrift.

Die beiliegende Denkschrift ist das Ergebniss der gemeinsamen Schritte, welche von einunddreissig die Hauptstadt Wien umgebenden Vorortegemeinden eingeleitet worden sind, um der immer drohender herantretenden Gefahr einer Hinausrückung der Verzehrungssteuergrenzen und Einbeziehung der Vororte in einen mit der Stadt gemeinsamen Verzehrungssteuer-Rayon zu begegnen. Die Vororte haben diese schon seit einem Jahrzehnt ins Auge gefasste Lösung der für die Grosscommune allerdings hochwichtigen Frage zur Eröffnung neuer Einnahmsquellen und der Entbürdung des mit Abgaben und eigenen Ausgaben überlasteten Budgets derselben mit der ununterbrochenen Aufmerksamkeit verfolgt, welche die Bedeutung dieses, die Existenzbedingungen der Vororte unmittelbar betreffenden Projectes erforderte, schon im Jahre 1880 durch Deputationen höchsten und hohen Orts Darstellungen der Folgen vorgelegt, welche eine solche Massregel für die Vororte und deren Bevölkerung nach sich ziehen müsste, wie überhaupt die rege Erörterung der Angelegenheit in der Presse und das Erscheinen darauf bezüglicher Denkschriften Zeugniss von der tiefen Erregung abgaben, welche sich der Bevölkerung der Vororte schon zur Zeit bemächtigt hatte, wo das Project der Hinausrückung der Verzehrungssteuerlinie eben aufgetaucht war, ohne noch irgend bestimmte Form angenommen zu haben.

Directer Anlass und die Nothwendigkeit zu selbstständiger Action war für die Vororte erst gegeben, als die Intention immer greifbarer hervortrat, bei der endgiltigen Lösung der Frage eine Entlastung der Stadt auf Kosten der Vororte, eine mehr oder weniger ausgiebige Ueberwälzung der bisher auf der Stadt ruhenden Verzehrungssteuerlast auf die Vororte anzustreben. Eine solche Intention lag bereits in der am 21. November 1881 durch eine Deputation der Stadt Wien an den Stufen des Thrones niedergelegten Bitte um Aenderung des Verzehrungssteuer-Systems und um Aufhebung der Linienwälle, und trat in den Actionen der Commissionen des

Gemeinderathes, zumal in der Sitzung der Approvisionirungs-Section am 16. Mai 1882, immer greifbarer hervor. Wohl fehlte es im Wiener Gemeinderathe selbst nicht an Stimmen, welche einem so einseitigen, nur mit voller Vergewaltigung der Vororte durchzusetzenden Vorgange entgegentraten und in der Gemeinderathssitzung vom 19. Mai 1882 fand der Antrag einstimmige Annahme, eine besondere Commission einzusetzen, welche die Beziehungen zwischen der Stadt und den Vororten prüfen, die Initiative zu einer gerechten, auf Verständniss der bestehenden Verhältnisse beruhenden Regelung dieser Beziehungen, insbesondere zur Aufhebung des Linienwalles, ergreifen solle.

Die Vorortevertretungen begrüssten freudig diesen Beschluss, und drückten in einer von 19 Gemeindevorständen gezeichneten Zuschrift an den Bürgermeister von Wien den Dank für die vorortefreundliche Haltung des Gemeinderathes aus. Gleichwohl aber erkannten dieselben, dass nunmehr die Zeit zur selbstständigen Action in der Angelegenheit gekommen sei. Eine am 9. Juni 1882 abgehaltene Versammlung der Vorstände und Vertreter sämmtlicher Vororte, welcher auch die Reichsraths- und Landtagsabgeordneten der betreffenden Bezirke anwohnten, führte daher zur Einsetzung eines Executiv-Comités, welches mit der Aufgabe betraut wurde, die vorbereitenden Schritte für die in der Frage über die Hinausrückung der Verzehrungssteuerlinie vorzukehrenden Massnahmen einzuleiten.

Das Comité war sich darüber klar, dass es der eingehendsten Darlegung der wirthschaftlichen Verhältnisse der Vororte bedürfe, um jene Gefahren zur allgemeinen Erkenntniss zu bringen, welche eine Einbeziehung der Vororte in den Wiener Verzehrungssteuer-Rayon für diesen bringen müsste. Es beschloss daher die Verfassung einer Denkschrift, in welcher diese Verhältnisse, wie die von den Referenten der Verwaltungs- und Vertretungskörper Wiens gestellten Anträge gründlich erörtert werden sollten.

Ersteres konnte nur auf Grundlage entsprechender, nach einheitlichem Plane vorzunehmender Erhebungen geschehen, daher sich das Comité zur Durchführung von solchen und deren Bearbeitung durch besondere dazu berufene Kräfte bereit fand. Von einer Anzahl hierzu eingeladener Fachmänner unterstützt, wurden in wiederholten Berathungen die Erhebungsformulare festgestellt und deren Durchführung, so wie die Beistellung sonstiger zweckentsprechender Materialien durch die Gemeindevorstehungen in einer neuerlichen Versammlung der Vorortevertreter am 21. September zum Beschlusse erhoben. Mit Beginn 1883 fanden die Erhebungen statt und konnte an die Zusammenstellung der Resultate derselben geschritten werden.

Die Anträge an die in der Angelegenheit bestellte Commission des Wiener Gemeinderathes dagegen liessen auf sich warten. Das Referat des

Magistratsrathes Wenzel, datirt vom März 1882 wurde thatsächlich am 7. September erstattet, und jenes des Referenten der Gemeinderaths-Commission, Dr R. Grübl, dem Vernehmen nach wiederholt umgeformt, wurde im Mai 1883 im Druck veröffentlicht; doch war schon seinem am 6. April im Gewerbevereine gehaltenen Vortrage zu entnehmen, dass er sich der Ansicht Wenzel's zur vollständigen Einbeziehung der Vororte in den Wiener Verzehrungssteuer-Rayon mit gleicher Auftheilung der dadurch entstehenden Lasten auf die Bevölkerung der Stadt und der Vororte in allem Wesentlichen anschliesse.

Dass diese Anschauung im Vertretungskörper der Stadt Wien wenigstens keine ungetheilte ist, erweist das Referat des Gemeinderathes Dr. M. Menger über die Reform der Verzehrungssteuer, in welchem er ausspricht: „Der Plan, die Linien einfach über die Vororte hinaus auszudehnen, lässt sich weder im Interesse des Staates, noch der Stadt Wien, noch der Vororte billigen. Im Interesse des Staates liegt es doch nicht, dass eine so drückende, lästige und durchaus unbillige Art der Besteuerung auf einen grösseren Einwohnerkreis als bisher ausgedehnt werde, dass Handel und Gewerbe in den Vororten leiden und dass einige hunderttausend Einwohner mit begründeter und berechtigter Unzufriedenheit erfüllt werden." Er tritt daher zunächst für eine Reform des Verzehrungssteuer-Tarifs, vergrösserte Auflagen auf Spirituosen und Luxusartikel, dagegen Entlastung der allgemeinsten Lebensbedürfnisse ein und hält diese Ansicht auch in seinem Berichte an den Steuerausschuss des Abgeordnetenhauses aufrecht. Mannhaft hat auch Gemeinderath C. Reisinger in seinem Dringlichkeitsantrage an den Gemeinderath die Interessen des X. Bezirkes von Wien gewahrt, welcher bei seinen ganz speciellen Erwerbs- und Bevölkerungsverhältnissen durch die angesonnene Einbeziehung ärger als die meisten Vororte bedroht wäre.

Unter den sonstigen Kundgebungen zu Gunsten der Vororte ist besonders der am 6. Februar 1883 im n.-ö. Gewerbevereine gehaltene, auch im Druck erschienene Vortrag des Directors E. Ruziczka: „Ueber das Project der Hinausrückung der Verzehrungssteuer-Linie" zu nennen, auf welcher in der vorliegenden Denkschrift mehrfach bezogen wird.

. Während es nunmehr zunächst am Gemeinderathe der Grosscommune liegt, über die ihm zu stellenden Anträge schlüssig zu werden und zu entscheiden, ob der Ausweg aus deren nicht zu bestreitender materieller Bedrängniss durch Anträge zur Vergewaltigung ihrer günstiger situirten Anrainer, oder durch Vorschläge zu gesunden, eingreifenden Reformen des allgemeinen Steuerwesens versucht werden solle, ist für die Vororte und deren in der Sache bestelltes Executiv-Comité die Möglichkeit, aber auch die dringliche Veranlassung gegeben, durch sachentsprechende Darlegung ihrer wirthschaftlichen Verhältnisse und freimüthige Beurtheilung des ihnen vom Magistrats- und Gemeinderaths-Referenten Angesonnenen ihre Lebensinteressen zu wahren und gegen Anträge einzustehen, deren Verwirklichung die Vororte ruiniren müssten, ohne der Stadt selbst wirkliche, dauernde Entlastung zu bringen. Denn ein Verhältniss ist bisher von Jenen, welche der Einbeziehung der Vororte in den Wiener Verzehrungssteuer-Rayon das Wort reden, entschieden zu wenig gewürdigt worden, die Wechselwirkung zwischen Stadt und Vororten. Soll Wien gedeihen, so kann es der Vororte als billigere die Stadt umschliessende Zone nicht entbehren, weil daselbst Tausende und Abertausende von Arbeitern und sonstige unbemittelte Bewohnerschichten hausen, welche nur für die Interessen der Grossstadt arbeiten und wirken, hierdurch aber wieder die Existenzbedingung einer weitern namhaften Zahl der Vorortebevölkerung werden. Hierüber wird sich ein eigener Abschnitt der Denkschrift ausführlich verbreiten, welche sich überhaupt damit befasst, die finanziellen und wirthschaftlichen Zustände der Vororte darzulegen, die in den Referaten des Magistrats und der Gemeinderaths-Commission enthaltenen Anträge zu beleuchten und deren unvermeidliche Folgen für die Vororte zu erörtern. Wird damit für jene entscheidenden Berathungen, bei welchen nach der ausdrücklichen Erklärung der Regierung die Vororte gehört und in die Lage gesetzt werden sollen, ihre Interessen wahrzunehmen und zu vertreten, die richtige Erkenntniss der thatsächlichen Verhältnisse gefördert, so hat die Denkschrift ihren Zweck vollauf erreicht.

Vermögensstand und Gebaren der Vororte.

Die Vororte der Hauptstadt Wien bilden, wie selbst die Gegner derselben in der Verzehrungssteuerfrage zugestehen, eine Reihe wohlgeordneter Gemeinden, mit deren Verwaltung und Vermögensverhältnissen es so bestellt ist, dass sie nicht nur den gesetzlichen Anforderungen bezüglich der aus dem eigenen und übertragenen Wirkungskreise erwachsenden Aufgaben vollständig zu entsprechen vermögen, sondern auch die Mittel besitzen und ohne alle Schwierigkeit aufbringen, die mit der Vermehrung der Häuser- und Bewohnerzahl ununterbrochen ansteigenden Bedürfnisse der Selbstverwaltung zu decken.

Wie aus der im Anhange 1 gegebenen Uebersicht der Einnahmen und Ausgaben, wie der Activen und Passiven der 31 Vororte nach den Rechnungsabschlüssen derselben für das Jahr 1881 zu entnehmen ist, steigen die Ausgaben nur bei 7 dieser Gemeinden, und unter diesen nur bei der einzigen Gemeinde Pötzleinsdorf namhaft über die Einnahmen an; dieses Deficit von 7 Gemeinden bei der Jahresgebarung 1881 mit 38.616 fl. 76 kr. verschwindet aber völlig gegen das Ueberwiegen der Einnahmen, welche sich im Ganzen für die 31 Gemeinden auf 3,706.889 fl. 36 kr. gegen die Ausgaben mit 3,557.399 fl. 55 kr. stellen, sohin also ein Uebergewicht der Einnahmen um 149.489 fl. 81 kr. und nach Abrechnung jenes Deficits eine Mehreinnahme um 110.872 fl. 95 kr. ergeben.

Was den Vermögenstand dieser Gemeinden betrifft, so stellt er sich noch weit günstiger dar. Denn es stehen den Activen mit 7,314.129 fl. 68 kr. die Passiven mit 4,362.454 fl. 80 kr. gegenüber, woraus sich ein Ueberwiegen der ersteren um 2,951.674 fl. 88 kr. ergibt; unter den 31 Gemeinden ist aber nicht eine einzige, bei welcher die Passiven über die Activen ansteigen, wohl aber mehrere, bei denen Schulden entweder gar nicht vorkommen oder gegenüber dem ums vielfache höheren Eigenthume ganz ohne Belang bleiben.

Nach den Haupttiteln zerfallen die Einnahmen und Ausgaben dieser 31 Gemeinden folgenderart:

Einnahmen.

Ordentliche Einnahmen:

	fl.	kr.
Aus Gemeinde-Umlagen		
Zinskreuzer	894.003	37
Umlagen auf directe Steuern	279.005	62
„ „ die Verzehrungssteuer	12.438	96
Hundesteuer	29.935	75
Von unbeweglichem Vermögen	148.182	54
Von nutzbaren Rechten	104.536	95
Verschiedene Einnahmen	150.604	70
Summe	1,618.707	89

Ausserordentliche Einnahmen:

	fl.	kr.
Anlehen	1,980.524	97
Sonstige	107.656	50
Summe	2,088.181	47
Gesammt-Einnahmen	3,706.889	36

Ausgaben.

Ordentliche Ausgaben:

	fl.	kr.
Gemeinde-Repräsentanz	10.216	30
Bezüge der Beamten und Diener	97.726	81
Pensionen, Remunerationen, Aushilfen	16.928	88
Kanzlei- und Amtserfordernisse	21.634	50
Amtslocalitäten	4.482	87
Staatssteuern	32.067	30
Auslagen für Militärzwecke	4.208	22
Rechtsgeschäfte, Stempel, Gebühren	8.897	86
Mieth- und Platzzinse	4.301	54

Strassen:

	fl.	kr.
Pflasterung	53.019	58
Erhaltung	72.937	95
Säuberung	73.040	84
Bespritzung	57.907	70
Beleuchtung	94.272	18
	351.178	25
Canalisirung	59.458	66
Wasserversorgung	80.075	53
Sanitätspolizei	30.312	31
Marktpolizei	12.954	51
Sicherheitspolizei	91.218	10
Feuerlöschanstalten	22.745	51
Humanitätsanstalten	7.580	89
Latus	855.988	04

	fl.	kr
Translatus	855.988	04
Schulen:		
Bürger- und Volksschulen 213.450 60		
Sonstige Schulen . . 7.924 42		
Allgemeine Schulauslagen 6.515 46		
	227.890	48
Gemeinde-Realitäten	54.038	75
Armenpflege	70.520	38
Gemeindeschuld	1,298.840	79
Verschiedene Erfordernisse	240.435	38
Summe der ordentlichen Ausgaben	2,747.713	82
Ausserordentliche Erfordernisse	809.685	73
Gesammt-Ausgaben	3,557.399	55

Es liegt in der Natur der Sache, dass nur ein Theil dieser Einnahme- und Ausgabeposten bei sämmtlichen Vorortegemeinden wiederkehrt. So ist es mit den Umlagen auf die directen Steuern der Fall, von welchen abzustehen die einzige Gemeinde Baumgarten in der glücklichen Lage ist. Zinskreuzer werden in Hütteldorf, Baumgarten, Ober-Sievering und Neustift nicht eingehoben. Zuschläge zur Verzehrungssteuer in verschiedenem Ausmasse von 5 bis 20 Percent kommen in Hernals, Währing, Ottakring, Unter-Meidling, Neu-Lerchenfeld, Ober- und Unter-Döbling, Heiligenstadt, Nussdorf, Hütteldorf, Unter-Sievering und Kahlenbergerdorf vor. Auch in Weinhaus war ein solcher Zuschlag für 1881 präliminirt, wurde aber nicht eingehoben. Von einer Hundesteuer ist derzeit noch die einzige Gemeinde Ober-Sievering frei. Einnahmen aus beweglichem Vermögen beziehen alle Gemeinden mit Ausnahme von Weinhaus, Kahlenbergerdorf und Ober-Sievering. Unter den ausserordentlichen Einnahmen des Jahres 1881 spielen die Anlehen die erste Rolle, und zwar wurden solche contrahirt:

	fl.	kr.
Hernals	360.000	—
Währing	480.000	—
Fünfhaus	51.218	67
Ottakring	412.000	—
Unter-Meidling	522.565	—
Neu-Lerchenfeld	36.496	12
Gaudenzdorf	2.500	—
Ober-Döbling	81.000	—
Dornbach	9.500	—
Weinhaus	19.331	58
Gersthof	4.000	—
Ober-Sievering	1.913	60

Von den Ausgabeposten kommen jene für Beamtengehalte, Kanzleierfordernisse, Staatssteuern, Strassenerhaltung, Beleuchtung, Sicherheitspolizei, Gemeinde-Realitäten, Schulen und Armenpflege bei sämmtlichen Vororte-Gemeinden vor, die weiteren für Pensionen, Amtslocalitäten, Militärzwecke, Pflasterung, Säuberung und Bespritzung der Strassen, Canalisirung, Sanitäts- und Marktpolizei, Feuerlöschanstalten, Gemeinde-Realitäten bei den meisten, zumal den volksreichen, unmittelbar an die Stadt grenzenden Vororten. Für Wasserversorgung erscheinen in den Budgets von 10 Gemeinden Beträge, ohne Ausnahme von solchen, welche der Stadt angrenzen und für Ueberlassung von Wasser aus der grossen Leitung Entschädigung geben. Von Ausgaben für die Gemeindeschuld sind nur Ober-Meidling, Weinhaus und Kahlenbergerdorf im Jahre 1881 frei, von solchen für ausserordentliche Erfordernisse Simmering, Ober-Meidling, Unter-Döbling, Grinzing und Salmannsdorf. Für die Gemeinde-Repräsentanz sind kaum in der Hälfte der Vororte und durchwegs sehr geringe Beträge ausgeworfen.

Der Vermögensstand der Vorortegemeinden stellt sich nach den wichtigsten Posten:

Activa:

	fl.	kr.
Unbewegliches Vermögen in Realitäten	4,281.565	65
„ Grundstücken	1,199.556	3
„ Antheilen	374.048	9
Bewegliches Vermögen Cassareste	116.273	35
Capitalien	281.991	35
Activ-Forderungen	591.645	28
Requisiten	273.094	84
Gerechtsame	104.869	—
Sonstige	91.086	9
Zusammen	7,314.129	68

Passiva:

	fl.	kr.
Anlehen	3,943.193	15
Kaufschillingsreste	61.905	—
Forderungen	219.575	71
Sonstige	137.780	32
	4,362.454	18

Unbewegliches Vermögen in Realitäten besitzen sämmtliche Vororte, eines solchen in Grundstücken entbehren nur Breitensee, Ober-Meidling, Weinhaus, Kahlenbergerdorf und Ober-Sievering. Cassareste fanden sich bei 5 Gemeinden. Dornbach, Weinhaus, Gersthof, Neustift und Neuwaldegg nicht vor. Dagegen weist die Mehrzahl der Vororte auch Activ-Capitalien auf, wiewohl nur bei den Gemeinden Simmering, Hietzing und Baumgarten von Belang, dann alle ausser Dornbach, Gersthof, Pötzleinsdorf, Ober-Sievering und Neuwaldegg Activ-Forderungen, sowie ausser Pötzleinsdorf und Salmannsdorf Requisiten.

Was die Passiva betrifft, so fallen hier neben den unbeträchtlichen, bei 7 Gemeinden erscheinenden Kaufschillingsresten und den häufigeren aber nur bei Hernals und Simmering erheblichen Forderungen und Passiven sonstiger Art vorzugsweise die Anlehen ins Gewicht. Nur die Gemeinden Hietzing, Pötzleinsdorf und Kahlenbergerdorf waren von solchen im Jahre 1881 frei, von den übrigen betrug die Höhe der Gemeinde-Anlehen:

	fl.	kr.
Hernals	858.270	67
Währing	515.000	—
Fünfhaus	260.381	30
Ottakring	482.925	—
Unter-Meidling	554.710	—
Rudolfsheim	269.710	69
Neu-Lerchenfeld	233.511	8
Simmering	29.000	—
Penzing	100.230	—
Gaudenzdorf	55.875	—
Sechshaus	117.722	9
Ober-Döbling	72.200	—[1])
Heiligenstadt	83.307	20
Nussdorf	80.000	—
Breitensee	40.700	—
Ober-Meidling	3.749	78
Dornbach	23.400	—
Hütteldorf	20.000	—
Baumgarten	6.500	—
Unter-Döbling	17.241	86
Unter-Sievering	9.046	64
Weinhaus	20.000	—
Gersthof	35.000	—
Grinzing	33.000	—
Ober-Sievering	4.311	84
Neustift am Walde	9.400	—
Neuwaldegg	7.000	—
Salmannsdorf	1.000	—

Ueberblickt man diese auf den Rechnungsabschlüssen der Vorortegemeinden beruhende kurze Darstellung der Administration und Vermögensgebarung derselben, so muss sich die Ueberzeugung bilden, dass diese Gemeinden wohl hinreichende Fonds und Mittel besitzen, um den grossen und stets steigenden Anforderungen der Selbstverwaltung gerecht zu werden und nach allen Richtungen zu entsprechen, dass diese Mittel aber doch auch

---

[1]) Diese Post steht gegen die Anleihe der Gemeinde Ober-Döbling auf S. 11 um 9200 fl. geringer, da noch im gleichen Jahre 1881 die Rückzahlung der ersten Rate mit diesem Betrage erfolgte.

schon jetzt vollauf in Anspruch genommen werden, und daher nicht zureichen könnten, wenn den Vororten eine neue Last, von der sie bisher völlig frei geblieben sind, zugewälzt würde. Die Bestreitung der Beamtengehalte und sonstigen Amtserfordernisse, das Strassenwesen, die Sanitäts- und Sicherheitspolizei, das Schulwesen und andere aus der Verwaltung hervorgehende Auslagen erfordern Hunderttausende, welche eben nur bei der sorgsamsten Gebarung den natürlichen, regelmässigen Einnahmsquellen entnommen werden können, daher die Gemeinden genöthigt sind, zur Befriedigung der besonderen Anforderungen, welche die Neuzeit in stets grösserer Menge stellt, durch die Aufnahme von Anlehen vorzusorgen. Wohl sind es nur fruchtbare, auf das Bedürfniss der Bevölkerung und des Gemeinwesens abzielende Unternehmungen, zu welchen diese Anlehen verwendet werden. Den Gemeinden erwächst aber durch die Verzinsung und Amortisation derselben immerhin eine neue Verpflichtung und Last, welche mit den aus solchen Unternehmungen zu gewärtigenden Mehreinkünften nicht entfernt im Verhältnisse stehen.

Verzehrungssteuer und allgemeine Steuerverhältnisse in den Vororten.

In Bezug der Verzehrungssteuer sind die Wiener Vororte bekanntlich dem flachen Lande zugezählt, in welchem diese Steuer als Verbrauchsabgabe nur von Fleisch, Wein, Weinmost und Obstmost zu entrichten ist, und es wird dieselbe in sämmtlichen Vororten durch Abfindung aufgebracht, indem die Gemeinden eine mit der Finanzbehörde vereinbarte Pauschalsumme zahlen und diese von den Zahlungsverpflichteten, das ist den Fleischern, Selchern und Händlern mit Fleischwaare, den Wirthen und Schänkern nach mit denselben getroffener Vereinbarung, zumeist in monatlichen Beträgen, hereingebracht wird. Da die Gebühr für zum Consum bestimmte Thiere und Fleisch sich nach der Grösse der Bewohnerzahl bei den Orten des flachen Landes in dreifacher Art abstuft, nämlich nach Orten unter 10.000, von 10.000 bis 20.000 und über 20.000 Bewohnern, so fallen von den Vororten Wiens 7 (Fünfhaus, Unter-Meidling, Rudolfsheim, Hernals, Ottakring, Neu-Lerchenfeld und Währing) in die letzte, 4 (Simmering, Gaudenzdorf, Sechshaus, und Penzing) in die mittlere, die übrigen Vororte in die erste Kategorie, und da diese Vertheilung beim Uebereinkommen von den Finanzbehörden wohl im Auge behalten und hiernach die Pauschalsumme bemessen wird, so übt dieser Umstand auch auf die Austheilung der Quoten auf die Steuerpflichtigen ihre gewichtige Nachwirkung. Nach den Steuervorschreibungen entrichten die 31 Vororte derzeit eine Summe von 431.989 fl. 32 kr. an Verzehrungssteuer für den Staat.

Den Gemeinden steht aber auch das Recht zu, von der Verzehrungssteuer als Verbrauchsabgabe für ihre Zwecke Zuschläge einzuheben, welche jedoch nach den Bestimmungen der Gemeindeordnung die Hälfte des auf die directen Steuern umgelegten Percentsatzes nicht übersteigen dürfen. Ueber dieses Ausmass hinausgehende Zuschläge können nur mit Bewilligung des Landtages eingehoben werden. Von dem Befugniss zur Einhebung eines Zuschlages zur Verzehrungssteuer haben bis jetzt 13 Vorortegemeinden Gebrauch gemacht und 12 derselben thatsächlich solche Zuschüsse eingehoben, und zwar:

	Percent	Ertrag nach der Steuervorschreibung 1882 fl. kr.		Ertrag nach dem Erfolge 1881 fl. kr.	
Unter-Meidling	5	1303	60	1109	—
Hütteldorf	5	225	—	230	30
Hernals	5	2812	15	2762	11
Ottakring	5	1397	13	1780	26
Neu-Lerchenfeld	5	1741	48	1406	18
Währing	5	1802	15	1201	—
Ober-Döbling	10	1326	—	1200	—
Heiligenstadt	15	837	70	837	70
Nussdorf	15	1425	—	1350	—
Unter-Döbling	10	136	9	136	9
Unter-Sievering	20	319	34	318	32
Weinhaus	7·5	88	20	—	—
Kahlenbergerdorf	10	108	42	108	—
		13.522	26	12.438	96

Hieraus erhellt, dass die Verzehrungssteuer bisher wohl für den Staat, aber keineswegs für die Vorortegemeinden eine einigermassen namhafte Einnahmsquelle gebildet hat und die Gemeinden durch die Schwierigkeiten und Behelligungen, welchen die Einhebung eben dieser Steuergattung begegnet, Bedenken tragen, sich aus Zuschüssen zur Verzehrungssteuer namentlich in höherem Ausmasse, Einkommen zu verschaffen. In dieser Art beträgt die Verzehrungssteuer nach der Steuervorschreibung von den gesammten Staatssteuern der 31 Vororte per 2,420.144 fl. 27 kr. 18·26 Percent, von den Gemeindesteuern und Umlagen per 1,152.799 fl. 23 kr. aber nur 1·16 Percent; und so schwer diese Abgabe in der Höhe fast eines Fünftels aller an den Staat zu leistenden Steuern auf den Vorortegemeinden lastet, so ist denselben bisher durch die gleichen Leistungen für die Gemeindezwecke nur bei dem dritten Theile derselben und auch bei diesem in kaum fühlbarer Weise eine Bürde erwachsen. Durch die Verzehrungssteuer als Staats- und Gemeindegebühr ergibt sich derzeit in den Vororten eine Belastung für den Kopf der Bevölkerung von 1 fl. 22 kr.; am höchsten stehen in dieser Beziehung Hietzing mit 2 fl. 58 kr., Nussdorf mit 2 fl. 55 kr., Grinzing mit 2 fl. 45 kr., Pötzleinsdorf mit 2 fl. 36 kr., Hütteldorf mit 2 fl. 9 kr. und Kahlenbergerdorf mit 2 fl. 5 kr.; in 15 weiteren Vororten beträgt die Quote zwischen 1 und 2 fl., in 9 (Unter-Meidling, Penzing, Breitensee, Baumgarten, Hernals, Ottakring, Währing, Unter-Döbling, Weinhaus) verbleibt die Quote unter 1 fl. per Kopf; die Gemeinde Salmannsdorf hebt, weil in dieser kleinen Ortschaft keine Gewerbe zur Ernährung bestehen, gar keine Verzehrungssteuer ein.

Es ist gewiss bemerkenswerth, dass die Gemeinden mit höchster Verzehrungssteuerquote auf den Kopf der Bevölkerung ohne Ausnahme kleinere, weiter von der Stadt abgelegene mit geringer Volkszahl sind, während sich der Antheil für die volksreichsten gering berechnet, Hernals 97, Währing 94, Ottakring 78 kr. Es wirft diese Erscheinung ein höchst charakteristisches Licht auf die wirthschaftlichen Verhältnisse der Vororte. Die Orte mit hoher Verzehrungssteuerquote sind theils stark als Sommerfrischen der reichen Wiener benützte, welche vielfach daselbst eigene Villen haben, theils Orte mit grösseren industriellen Etablissements und stark frequentirten Erfrischungslocalen, wie Hütteldorf und Nussdorf. Die grossen, unmittelbar an der Linie gelegenen Vororte dagegen beherbergen die Massen der Arbeiter und Leute mit geringen Mitteln, welche aus Sparsamkeitsgründen die Wohnungen ausser dem Verzehrungssteuer-Rayon aufsuchen. In den drei genannten Vororten mit geringster Verzehrungssteuerquote wohnen an Hilfsarbeitern bei Industrie und Gewerben, nicht beim Dienstgeber wohnenden Bediensteten, Taglöhnern mit wechselnder Beschäftigung, Pensionisten, öffentlichen Dienern und Wachorganen in Hernals 26.952, in Währing 18.471 und in Ottakring 18.773, zusammen 64.196 Personen, und den Erstgenannten gehört ohne Frage auch der grösste Theil der bei Industrie, Gewerben und Handel gezählten 47.277 Familienglieder an, also im Ganzen über 110.000 von der Bevölkerung dieser drei Gemeinden mit 137.859 Köpfen, d. i. volle 80 Percent, welche wohl bei der Bevölkerung, aber gewiss nicht bei der steuerkräftigen Schichte derselben mitgerechnet werden können. Verbleibt aber solcherart rund nur ein Fünftel der Bevölkerung, auf dessen Schultern die Verzehrungssteuer lastet, so berechnet sich die auf den Kopf entfallende Quote in Hernals mit 4 fl. 90 kr., in Währing auf 4 fl. 72 kr. und in Ottakring auf 3 fl 87 kr., und stellt sich also die Sache in ganz anderem Lichte dar, wenn nur die thatsächlich steuerkräftige und steuertragende, nicht die Gesammtbevölkerung ins Auge gefasst wird.

Auch bezüglich der Steuerleistung überhaupt muss dieser Gesichtspunkt, wenn ein richtiges Bild von den wirthschaftlichen Verhältnissen gewonnen werden soll, eingehalten werden, und erst wenn dies geschieht, können die Folgen völlig ermessen werden, welche die Verwirklichung eines Projects, wie die Einbeziehung der Vororte in den Verzehrungssteuer-Rayon und die Auftheilung der jetzt von Stadt und Vororten getragenen Verzehrungssteuer in gleichem Massstabe auf beide für die Vororte nach sich ziehen müsste. Hiezu ist es nöthig, die Steuerverhältnisse dieser Gemeinden im Allgemeinen zu betrachten. Eine höchst detaillirte Uebersicht der gesammten Steuerleistungen der einzelnen Vorortegemeinden nach den einzelnen Posten enthält die Tabelle II des Anhanges; eine Recapitulation nach den vier Hauptrichtungen, in welchen diese Leistungen erfolgen, möge hier Platz finden:

Gemeinden	Staatssteuern		Gemeinde-umlagen und Steuern		Umlagen zum Bezirks-Strassenfond		Bezirks-Schulfond		Landes-Umlagen incl. Grundentlastungsfond		Zusammen		Auf den Kopf der Bevölkerung kommen	
	fl.	kr.	fl.	kr.	fl.	kr.	fl.	kr.	fl.	kr.	fl.	kr.	fl.	kr.
Fünfhaus	326.887	19·5	138.152	13	15.347	39	51.164	22	71.915	14	603.466	07·5	15	10
Unter-Meidling	150.605	61	74.117	91	7.977	56	26.611	98	35.113	10	303.426	16	9	62
Rudolfsheim	219.653	54	96.404	63	10.762	79	35.891	—	48.323	66	411.035	63	13	74
Gaudenzdorf	126.645	04	51.644	39	6.376	62	21.256	24	27.861	90	233.784	19	18	89
Sechshaus	108.637	94	29.973	07	5.371	07	17.904	54	23.911	14	185.848	11	15	95
Ober-Meidling	20.977	04	8.174	42	1.082	42	3.611	34	4.614	94	38.460	06	15	35
Penzing	91.001	46	35.064	92	6.998	21	14.017	59	20.020	29	167.101	86	12	97
Breitensee	17.388	80	8.514	38	1.361	—	2.743	—	3.825	30	33.832	16	10	43
Hietzing	57.066	26	14.357	18	4.089	89	8.193	92	12.554	52	96.261	77	32	08
Hütteldorf	48.076	77	4.809	67	3.910	67	7.904	85	10.576	72	75.278	68	33	30
Launngarten	10.053	02·5	114	—	764	02	1.544	54	2.211	66	14.687	24·5	7	90
Hernals	323.500	07	188.269	36	24.654	79	39.176	43	71.170	—	646.770	65	10	73
Dornbach	17.394	54	11.149	55	2.309	42	2.826	—	3.826	08	36.989	61	15	92
Neuwaldegg	8.746	15	3.691	84	1.589	67	1.589	—	1.924	12	17.541	45	45	56
Ottakring	159.344	44	96.184	25	11.680	60	18.767	86	35.055	68	321.032	83	8	58
Neu-Lerchenfeld	139.498	91	72.052	69	9.103	68	17.277	57	30.689	56	268.622	41	10	47
Währing	190.274	37	141.755	10	18.088	31	26.848	45	41.860	28	418.826	51	20	44
Ober-Döbling	83.317	81·5	54.776	72	7.746	77	13.851	28	18.329	74	178.022	32·5	20	33
Heiligenstadt	34.600	45	19.650	48	4.268	97	6.136	62	7.612	—	72.268	52	16	31
Nussdorf	40.152	31	23.629	17	4.465	17	6.651	06	8.833	44	83.731	15	19	57
Unter-Döbling	13.245	39·5	8.166	11	1.297	85	2.349	50	2.913	90	27.972	75·5	16	21
Unter-Sievering	10.196	21	6.724	28	929	29	1.789	23	2.243	12	21.882	13	14	05
Weinhaus	10.445	87	5.188	87	958	64	1.808	96	2.297	90	20.700	24	14	62
Gersthof	11.022	24	5.777	32	1.004	15	1.938	41	2.424	84	22.166	96	16	18
Grinzing	15.637	57·5	6.432	99	1.844	78	2.572	54	3.440	14	29.928	02·5	22	93
Pötzleinsdorf	11.609	67·5	5.307	83	1.062	07	2.076	04	2.553	98	22.609	59·5	36	35
Kahlenbergerdorf	3.818	92	1.314	25	402	80	579	37	839	96	6.955	30	11	99
Ober-Sievering	4.648	22·5	768	75	412	54	796	95	1.022	56	7.649	10·5	13	47
Neustift am Walde	2.968	86	527	75	236	85	498	73	652	96	4.905	15	9	36
Salmannsdorf	2.285	—	1.485	50	245	10	467	60	502	70	4.985	90	17	37
Sinnmering	151.394	57	38.599	71	10.175	56	22.280	75	33.306	68	255.757	27	13	05
Zusammen	2,420.144	27·5	1,152.779	23	166.538	65	360.609	66	532.428	60	4,632.500	41·5	12	70

Durchschnittlich entfällt von der Gesammt-Steuerlast für sämmtliche Vororte auf den Kopf der Bevölkerung 12 fl. 70 kr., bei den einzelnen Gemeinden wechselt die Quote sehr bedeutend, und wenn sich dabei die Wahrnehmung wiederholt, dass die kleinen, weiter entlegenen und wenig volkreichen Ortschaften, welche als Sommer-Villegiaturen dienen, wie Neuwaldegg, Pötzleinsdorf, Hietzing, Grinzing, oder wo grosse industrielle und Erfrischungs-Etablissements den Ausschlag geben, wie Hütteldorf, Nussdorf, am höchsten besteuert sind, so trifft die andere bezüglich der Verzehrungssteuer gemachte Beobachtung, bezüglich der grossen, unmittelbar an die Stadt grenzenden Gemeinden keineswegs zu, indem diese sämmtlich eine Steuerleistung zwischen 16 und 10 fl. per Kopf der Bevölkerung zu tragen haben, also an und für sich sehr stark belastet erscheinen, und zumeist erheblich über dem für die Vororte im Ganzen sich ergebenden Durchschnitt von 12 fl. 70 kr. stehen.

Neben dem Umstande aber, dass auch hier, wenn eine den Thatsachen entsprechende Beurtheilung der Zustände platzgreifen soll, nicht die Gesammtbevölkerung, sondern nur jener Theil in Betrachtnahme kommen darf, auf dessen Schultern die Steuerleistung wirklich ruht, sind hiebei noch zwei Momente zu berücksichtigen, welche für die den Vororten zu Gebote stehenden Einnahmequellen von hohem Belange sind. Das erste derselben besteht darin, dass unter der in den Vororten lebenden Bevölkerung eine numerisch nicht geringe Anzahl solcher vorkommt, welche ihr volles oder hauptsächliches Einkommen in der Stadt beziehen, wie die grosse Mehrzahl der öffentlichen Beamten, Diener und Wachorgane, die Pensionisten etc. Nur die Zuschläge zum Hauszinse dieser Personen kommen der Gemeinde zu Gute, in welcher sie wohnen, die weit bedeutenderen von ihren Gehalten und Besoldungen dagegen der Gemeinde Wien, in welcher sie sich nur einen Theil des Tages aufhalten, oder dieselbe, wie die Pensionisten, nur selten betreten. Wenn erwogen wird, dass von den in den Vororten wohnenden 20.688 Personen dieser Berufsarten (1676 Beamten mit 3854 Angehörigen, 2671 Pensionisten mit 2781 Angehörigen, 1154 Lehrern mit 1477 Angehörigen und 2067 öffentlichen Dienern und Wachorganen mit 5008 Angehörigen) die weitaus grösste Mehrzahl ihre Bezüge in Wien behebt, die Gemeindezuschläge daraus also der Stadt und nicht der Gemeinde, in der sie wohnen, zu Gute kommen, so wird zuzugeben sein, dass den Vororten hieraus ein empfindlicher Entgang ihrer Einnahmen entsteht.

Weit einschneidender für die wirthschaftlichen Verhältnisse der Vororte ist noch ein anderer Umstand. Von den 10.836 Häusern der 31 Gemeinden sind nur 6648, d. i. 61·3 Percent, Eigenthum von Solchen, welche in der Gemeinde, in der ihr Besitzthum gelegen ist, ansässig sind, und nur 3078, d. i. 28·4 Percent, sind in der gleichen Gemeinde zuständig. Der letztere Umstand, obwohl höchst charakteristisch, ist für die wirthschaftlichen Verhältnisse von wenig Einfluss, weil er nur bei der Heeresergänzung, bei den politischen Wahlen und bezüglich der Ansprüche an die Armenpflege von praktischen Folgen wird, desto empfindlicher aber wirkt der erstere nach, umsomehr, als sich die Erscheinung in der überwiegenden Mehrzahl der Vororte, zumal in den volksreichen, noch weit auffälliger wiederholt, wie die nachstehende Aufführung abnehmen lässt:

	Häuser-zahl	Von den Besitzern sind in der Gemeinde wohn-haft	zu-ständig		Häuser-zahl	Von den Besitzern sind in der Gemeinde wohn-haft	zu-ständig
Fünfhaus	576	354	180	Währing	1034	602	119
Unter-Meidling	723	568	124	Ober-Döbling	435	225	116
Rudolfsheim	544	387	184	Heiligenstadt	296	184	44
Gaudenzdorf	293	226	114	Nussdorf	214	131	71
Sechshaus	195	180	122	Unter-Döbling	158	121	42
Ober-Meidling	72	61	44	Unter-Sievering	181	127	61
Penzing	440	334	80	Weinhaus	65	32	10
Breitensee	200	153	10	Gersthof	159	122	29
Hietzing	277	198	57	Grinzing	188	24	66
Hütteldorf	230	126	73	Pötzleinsdorf	156	102	86
Baumgarten	167	119	48	Kahlenbergerdorf	76	68	30
Hernals	1.248	677	189	Ober-Sievering	75	55	50
Dornbach	288	206	194	Neustift am Walde	73	47	35
Neuwaldegg	81	70	56	Salmannsdorf	87	28	12
Ottakring	973	305	444	Simmering	888	639	281
Neu-Lerchenfeld	450	177	107	Summe	10 836	6 648	3.078

In der volksreichen Gemeinde Fünfhaus haben daher nur 61·4, in Währing 58·2, in Hernals 54·1, in Neu-Lerchenfeld 39·3 und in Ottakring sogar nur 31·3 Percent der Hausbesitzer ihren Aufenthalt in der gleichen Gemeinde, 38·7 Percent der Hausbesitzer im Ganzen, das heisst, fasst zwei Fünftel derselben wohnen ausserhalb der Gemeinden, in welcher ihr Besitz gelegen ist, und in Hernals ist dies sogar mit 45·9, in Neu-Lerchenfeld mit 60·7 und in Ottakring mit 68·7 Percent der Hausbesitzer der Fall. Dies will nicht wenig bedeuten, denn in gleichem Masse gelangen die in den Gemeinden gezahlten Miethzinse ausserhalb des Bereiches derselben zur Verwendung und entbehren die Gemeinden damit der vielfachen Verdienst- und Einnahmsquellen, welche eine der wohlhabensten Bewohnerschichten zu gewähren vermag.

Wird hiezu erwogen, dass in den 31 Vororten 15.490 nicht beim Dienstgeber wohnende Bedienstete mit deren Angehörigen, 15.243 Taglöhner mit wechselnder Beschäftigung und 115.617 Hilfsarbeiter bei Gewerben, Industrie und Handel mit einem mindestens ebenso hoch anzuschlagenden Familienstande, endlich 24.480 häusliche Dienstboten wohnen, also zusammen über 280.000 Personen oder 76·7 Percent der Gesammtbevölkerung der Vororte, welche bei der Steuerleistung gar nicht oder doch nur in sehr geringem Grade in Betracht kommen können, also als Steuerträger im wesentlichen Sinne nur rund 80 000 Personen in den Vororten erübrigen, so muss zugegeben werden, dass jene auf den Kopf der Gesammtbevölkerung entfallende Quote von 12 fl. 70 kr. auch nicht entfernt der Belastung entspricht, welche in den Vororten thatsächlich auf die wirklichen Steuerträger entfällt. Wird von der Hauszinssteuer abgesehen, zu welcher die Gesammtbevölkerung beizutragen hat, so verbleibt für die factischen Steuerträger eine Jahresleistung von 3,259.192 fl. 25 kr., also für den Kopf ein durchschnittlicher Betrag von 40 fl. 66 kr. Und dabei darf nicht übersehen werden, dass auch in der Summe der obigen 80.000 Steuerträger noch die kleinen Beamten, Pensionisten, öffentlichen Diener und Wachorgane, Lehrer u. dgl. mitgezählt sind, deren Steuerleistung ausser der Hauszinssteuer und deren Zuschlägen eine sehr geringe ist oder wenigstens den Vorortegemeinden, weil in Wien eingehoben, entgeht.

Der Grosscommune Wien gegenüber — das fällt Niemandem in den Vororten wie überhaupt zu leugnen ein — ist die Belastung der letzteren allerdings eine entschieden geringere. Nach dem Hauptrechnungsabschlusse hatte die Stadt Wien im Jahre 1881 zu entrichten.

	fl.	kr.
an Staatssteuern	24,651.085	24·5
„ Gemeindezuschlägen und Gemeindesteuern	9,042.460	45
„ Zuschlägen zum Schulfonds	1,651.980	—
„ Zuschlägen zum Landeserforderniss- und Grundentlastungsfonds	5,423.238	70
Zusammen	40,768.764	39·5

Auf den Kopf der Bevölkerung kommen daher in Wien 57 fl. 80 kr. an Steuerleistung aller Art, d. i. so ziemlich das Viereinhalbfache der Vororte oder um 355 Percent mehr als diese. An Staatssteuern allein entfallen auf den Kopf der Bevölkerung in Wien 34 fl. 94 kr., in den Vororten 6 fl. 64 kr., an Gemeindezuschlägen und Steuern in Wien 12 fl. 81 kr., in den Vororten 3 fl. 16 kr. Diese Unterschiede sind aber in den ohne Vergleich mächtigeren Einnahms- und Erwerbsquellen der Grosscommune und der darauf begründeten höheren Steuerforderung wie sie die Tabelle II des Anhanges nach den einzelnen Posten aufführt, begründet. Ohne die Verzehrungssteuer entrichten

	die Stadt				die Vororte			
	Summe		per Kopf		Summe		per Kopf	
	fl.	kr.	fl.	kr.	fl.	kr.	fl.	kr.
an Staatssteuern	16,571.108	24·5	23	49	1,988.145	95	5	54
„ Gemeinde-Zuschlägen u. Steuern	7,561.726	45	10	80	1,139.256	97	3	13
„ Abgaben überhaupt mit Einschluss der Bezirks- u. Landes-Umlagen	31,208.053	39	44	24	4,186.979	83	11	49

Ohne die Verzehrungssteuer beträgt daher die durchschnittliche Steuerleistung des Einzelnen in der Stadt jener in den Vororten gegenüber genau das Vierfache oder um 285 Percent mehr, sie wird daher in der Stadt durch die Verzehrungssteuer um 28·12, in den Vororten um 10·53 Percent emporgetrieben, in der ersteren also um 17·59 Percent mehr. Da aber selbst der Magistratsreferent Rath Wenzel den Consum der Stadt um 20 Percent höher annimmt als in den Vororten, Director Ruziczka aber diesen Unterschied für die Stadt auf das Doppelte des Consums der Vororte steigend erklärt, so kann jene grössere Hebung der Gesammtlasten der Stadt durch die Verzehrungssteuer wohl gleichfalls nur als eine Consequenz der wirthschaftlichen Gegensätze zwischen Stadt und Vororten angesehen werden. Die Verzehrungssteuer allein ist zwar eine wichtige, aber keineswegs die alleinige Ursache, dass der Boden Wiens unverhältnissmässig theuer ist und die Bewohnerschichten mit geringen Subsistenzmitteln immer mehr aus dem Bereich der Stadt getrieben werden. Die Grossstadt stellt auch in jeder andern Beziehung Anforderungen, und muss sie stellen, wie sie in den Vororten nicht oder doch nur sehr vereinzelt vorkommen. Der Gemeindezuschlag der Stadt mit 30 Percent zum Ordinarium der Hauszins-, Grund-, Erwerb- und Einkommensteuer steht nur in Nussdorf und Unter-Sievering mit 40 Percent höher. 6 Vororte heben ihn in gleicher Höhe mit der Stadt ein, nämlich Dornbach, Ober-Döbling, Heiligenstadt, Unter-Döbling, Gersthof und Salmannsdorf, also kein Vorort mit grösserer Volkszahl. Im Gegentheil sind die Gemeindezuschläge zu den directen Steuern in den namhaftesten Vororten, Fünfhaus, Gaudenzdorf, Rudolfsheim, Unter-Meidling, Hernals, Ottakring, Neu-Lerchenfeld, Währing, Simmering, mit einem Drittel der Stadt Wien, mit 10 Percent bemessen. Es ist dies ein Feld, welches auch die in der Verzehrungssteuerfrage kühnsten Projectanten bisher sorgfältig vermieden haben, zu betreten, das aber Alle, welchen am Wohl der Vororte gelegen ist, im Auge behalten mögen, denn die Einbeziehung der Vororte in den Rayon der Wiener Verzehrungssteuer könnte nur die erste Etappe zu weiterer mannigfacher Mehrbelastung dieser Gemeinwesen sein.

Referate an den Magistrat und die Vororte-Commission des Gemeinderathes von Wien.

Als Ergebnisse der über Antrag des Gemeinderathes Dr. E. Süss in der Sitzung vom 19. Mai 1882 eingesetzten Commission, welche die Beziehungen der Stadt Wien zu den Vororten und insbesondere die Fragen, betreffend die Auflassung der Verzehrungssteuerlinie, die Reform der Verzehrungssteuer und die Einverleibung der Vororte zu prüfen, hierüber Bericht zu erstatten und eventuell Anträge zu stellen hatte, liegen drei Elaborate vor, welche als „Vorlagen der Commission zur Berathung der Verzehrungssteuer und der Vereinigung der Vororte mit Wien" mit den Nummern 1 bis 3 bezeichnet sind, von welchen jedoch zwei thatsächlich vor die Einsetzung jener Commission fallen. Nr. 1, erstattet im Jänner 1880 vom Magistratssecretär R. Stadler, „betreffend die Vereinigung der Vororte im Allgemeinen und der Gemeinde Währing im Besonderen mit Wien", gelangt bezüglich der ersteren Angelegenheit zu keinem positiven Vorschlage, sondern stellt mit Beziehung auf den Erlass der niederösterr. Statthalterei vom 4. September 1874, nach welchem „die Frage der Hinausrückung der Wiener Verzehrungssteuerlinie allerdings mit jener anderen wegen Vereinigung der Commune Wien mit den Vororten in innige Beziehung gebracht werden könne, dass jedoch zwischen beiden Fragen keineswegs ein solcher Zusammenhang bestehe, welcher die Lösung der einen ohne die gleichzeitige Lösung der anderen Frage unthunlich machen würde", zu dem Antrage, dass zunächst die Vereinigung der Stadt zu einem gemeinsamen Verzehrungsteuergebiete mit jenen Vororten anzustreben sei, welche durch Dichtigkeit der Bevölkerung, gut arrondirte Gestaltung der Gemeindegrenzen, nicht zu grosse Verschiebung der Peripherie vom dermaligen Stadtcentrum, natürlichen Anschluss und Zusammenhang in Bezug auf Verbauung, sowie in gewerblicher und socialer Beziehung, endlich durch den Umstand, dass nicht zu grosse Flächen ins Stadtgebiet einbezogen würden, welche eine Verbauung und Bewohnung für lange oder ganz ausschliessen, wie Aecker, Wiesen, Gebirgshöhen, Waldungen, hierzu in erster Reihe die Eignung hätten. Als solche Vororte nennt er die 20 Gemeinden Nussdorf, Heiligenstadt, Unter- und Ober-Döbling, Währing, Weinhaus, Gersthof, Hernals, Ottakring, Breitensee, Neu-Lerchenfeld, Rudolfsheim, Fünfhaus, Sechshaus, Penzing, Hietzing, Ober- und Unter-Meidling, Gaudenzdorf und Simmering. Bezüglich dieser schlägt er vor, die Vereinigung mit Wien in Aussicht zu nehmen, und alle jene Vorarbeiten zu unternehmen, welche bezüglich der zur Einverleibung in Aussicht genommenen Vorortegemeinden eine erschöpfende Detailkenntniss der Gemeindeverwaltung, der Gebarungsverhältnisse und aller finanziellen Momente zu schaffen vermögen. Da diese Anträge, wie die Vorlage Nr. 3 selbst bemerkt, die Hauptfrage der Verzehrungssteuer nur in zweiter Linie berühren, und die beiden weiteren Vorlagen auch ein grösseres Gebiet für den projectirten Steuerrayon ins Auge fassen, so bleibt sie bei dem derzeitigen Stand der Frage ohne Belang.

Die Vorlage Nr. 2, das Referat des Magistratsrathes Wenzel, vorgetragen im März 1882, thatsächlich aber schon früher formulirt, weil sich bereits die Vorlage Nr. 1 darauf bezieht, betrifft die Regulirung der in Wien und den Vororten bestehenden Verzehrungssteuer, geht der Sache direct auf den Leib und stellt positive Anträge. Nach diesen kann, da die Aufhebung der Verzehrungssteuer unzulässig und die Pauschalirung undurchführbar ist, nur eine Hinausrückung der Verzehrungssteuerlinie in Erwägung gezogen werden. Gemeinden, welche in das gemeinsame Verzehrungssteuergebiet einzubeziehen wären, sind die vermöge ihrer grösseren Einwohnerzahl und der dadurch bedingten erhöhten Consumtion zur Einbeziehung in die höhere Classe der Verzehrungssteuer geeigneten, die Vororte, deren Erwerbs- und Industrieverhältnisse mit der Stadt auf gleicher Höhe und welche mit dieser in stetem Zusammenhange stehen und endlich mehrere kleinere Ortschaften, deren Einbeziehung zur Arrondirung des neuen Verzehrungssteuergebietes nothwendig wird. Auf diese Weise ergiebt sich ein Rayon, welcher die Orte des Wiener Polizeirayons mit Ausschluss der Gemeinden am linken Ufer des neuen Donaustromes, dagegen mit Einbeziehung der Gemeinden Kaiser-Ebersdorf, Theile von Laa, Speising, Ober- und Unter-St.-Veit, Hacking, Hütteldorf, Baumgarten und Breitensee, im Ganzen 38 Gemeinden mit einer Ausdehnung von 110·67 ☐ Kilometer und 341.455 Bewohnern (ohne Militär) umfassen soll, so dass sich der neue Verzehrungssteuer-Rayon mit Einschluss der Stadt Wien auf 165·89 ☐ Kilometer und 1,046.857 Bewohner erstrecken würde. Die Begrenzung desselben wird folgenderart in Antrag gebracht: „Im Osten die regulirte Donau, sodann bildet die von der Elisabeth-Westbahn zur Donau führende Zweigbahn die Grenze bis an die Hauptlinie der Südbahn. Weiters wurde die Linie an dem Einschnitte der obigen Zweigbahn in die Südbahn hinüber bis zur Schönbrunner Parkmauer, von da über die Eisenbahnbrücke bei Hetzendorf mit Ausschluss dieser Gemeinde über den Rosenhügel zum städtischen Wasserreservoir (mit dessen Ausschluss), von hier die Strasse von Lainz nach Mauer bis zur Ecke der Thiergartenmauer als Grenze ins Auge gefasst. Die weitere Linie bildet die Thiergartenmauer selbst bis zur Einfahrt in den Thiergarten (Auhof) hinter Hütteldorf, geht mit Einschluss dieser Gemeinde durch den Haltergraben (mit Ausschluss der Knödelhütte und des Schottenhofes) hinter Neuwaldegg bis an das Gebirge und unter dem Hermannskogel an den Gebirgskanten mit Einschluss vom Kahlenbergerdörfel bis an die Donau."

Auf diesen ganzen Rayon soll der bisherige Einhebungsmodus der Verzehrungsteuer Wiens ausgedehnt werden und da hierzu eine einheitliche Einhebung der Gemeindezuschläge die unerlässliche, auch von der Regierung gestellte Vorbedingung bildet, die Stadt Wien aber dieser Zuschläge in der bisherigen Höhe von durchschnittlich 22·7 Percent nicht entbehren zu können erklärt, auch die Gemeindezuschläge sämmtlicher in den Rayon einbezogenen Vororte in gleicher Höhe bemessen und eingehoben werden. Der Ertrag derselben wäre sodann nach Vorabzug eines dem höheren Consum der Stadt entsprechenden Präcipuums von 20 Percent auf die betheiligten Gemeinden nach der Kopfzahl zu vertheilen.

Diesen Anträgen und den ihnen zu Grunde liegenden Anschauungen schliesst sich die Vorlage Nr. 3, das Referat des Gemeinderathes Dr. R. Grübl, nach allen Richtungen an, und stellt nach eingehender Erörterung der Frage und in der Ueberzeugung, dass „ohne vorherige Lösung der Verzehrungssteuerfrage an die Lösung der Einverleibungsfrage nicht gedacht werden könne", folgende Anträge:

„Der Gemeinderath der Stadt Wien nimmt die in dem Erlasse der k. k. Statthalterei vom 29. Jänner 1882, Z. 3536, mitgetheilte Erklärung des Finanzministeriums, dass unter den gegebenen Verhältnissen das Ansuchen des Wiener Gemeinderathes um Aenderung des Verzehrungssteuersystems, beziehungsweise um Beseitigung der die Stadt Wien von ihren Vororten trennenden, durch Wall und Graben gebildeten Verzehrungsteuerlinie nur durch die Ausdehnung derselben auf die Vororte erfüllt werden könne, zur Kenntniss und spricht sich in dieser Voraussetzung und für so lange, als die vollständige Aufhebung der Linienverzehrungssteuer unmöglich ist, für die Ausdehnung der Verzehrungssteuerlinien über die unten genannten Vororte und die Schaffung eines einheitlichen Verzehrungssteuergebietes, abgeschlossen durch natürliche Grenzen, ohne Wall und Graben, jedoch nur in der weiteren Voraussetzung aus, dass die h. Regierung bei dieser Reform der Verzehrungssteuerverhältnisse in Wien und den vorbenannten Vororten keinerlei Steuererhöhung oder Mehrbelastung anstreben oder eintreten lassen werde, sondern dass als Grundlage dieser Reform zu gelten habe, dass der

Ertrag des durch die Aufnahme der Vororte zu schaffenden neuen Linien-Verzehrungsteuergebietes die Summe der derzeit in Wien eingehobenen Verzehrungssteuer mehr den von den einbezogenen Vororten geleisteten Abfindungsbeträgen höchstens erreichen, so dass die durchschnittliche Belastung jedes Einwohners des neuen Verzehrungssteuergebietes sich auf ungefähr fl. 6 belaufen würde und jeder etwaige Mehrbetrag den in dem Verzehrungssteuergebiete liegenden Gemeinden zu überlassen wäre."

„Hiervon sind die Regierung und die vorbenannten Gemeinden mit dem Ersuchen zu verständigen, ohne Verzug zum Zwecke der Durchführung der Verzehrungssteuerreform commissionelle Verhandlungen unter Zuziehung der Gemeinde Wien und der obbenannten Vorortegemeinden zu dem Zwecke anzuordnen, um auf diese Weise die Grundlagen festzustellen, nach welchen die definitive Abgrenzung des neuen Verzehrungssteuergebietes, die Feststellung des Tarifes, die Behandlung des Transitohandels und der diesfalls nothwendigen Massregeln, ferner wegen eines Uebergangsstadiums bis zum Inslebentreten der geänderten Verhältnisse erfolgen kann."

Als einzubeziehende Vororte nennt Dr. Grübl Simmering, Kaiser-Ebersdorf, Ober- und Unter-Meidling, Schönbrunn, Hietzing, Penzing, Neu-Lerchenfeld, Ottakring, Dornbach, Neuwaldegg, Salmannsdorf, Josefsdorf, Kahlenbergerdorf, Nussdorf, Heiligenstadt, Grinzing, Ober- und Unter-Sievering, Ober- und Unter-Döbling, Neustift, Pötzleinsdorf, Gersthof, Währing, Weinhaus, Hernals, Rudolfsheim, Fünfhaus, Sechshaus, Gaudenzdorf nebst dem Bezirke Favoriten, also zusammen 31 Vororte, acceptirt aber dabei vollständig die vom Magistratsrath Wenzel vorgeschlagene Umgrenzung, so dass es nicht zu erklären ist, wieso die von Letzterem gleichfalls zur Einverleibung vorgeschlagenen Gemeinden Lainz, Speising, Baumgarten, Ober- und Unter-St.-Veit, Hütteldorf, Hacking, dann die Theile von Laa und Inzersdorf ohne Erwähnung bleiben, um so mehr, als diese Gemeinden sowohl im Verzeichnisse der Gemeinden des in Aussicht genommenen Gebietes S. 29 des Referates, wie auf der dem Referate beigegebenen Karte in den projectirten Rayon einbezogen erscheinen.

Bezüglich der Gemeindezuschläge zur Verzehrungssteuer stellt Dr. Grübl den Antrag: „Der Gemeinderath spricht sich dahin aus, dass er auf den Ertrag der Gemeindezuschläge zur Linienverzehrungssteuer weder ganz noch theilweise verzichten könne, und behält sich vor, falls bei den von Seite der Regierung zum Zwecke der Feststellung des neuen Verzehrungssteuergebietes einzuleitenden Verhandlungen eine Einigung über die nach gleichen Sätzen einzuhebenden Gemeindezuschläge zur Verzehrungssteuer und über die Vertheilung des Ertrages derselben nach dem Ertrage der Hauszinssteuer mit den Vertretern der Vorortegemeinden nicht zu Stande kommen sollte, das Ersuchen um Erwirkung eines Landesgesetzes zum Zwecke der gesetzlichen Regelung dieser Verhältnisse zu stellen."

Nach weiteren Anträgen, welche die bis jetzt die Gemeinde Wien belastende Dotirung des Krankenhaus-, Versorgungs- und Invalidenfondes aus den Gemeindezuschlägen zur Verzehrungssteuer betreffen, stellt Dr. Grübl schliesslich noch den Antrag: „Die hohe Regierung werde ersucht, die Linienwälle der Gemeinde Wien für öffentliche Zwecke unentgeltlich zu überlassen."

Es wird die eigentliche Aufgabe der Vorortevertreter bei den in Aussicht stehenden commissionellen Berathungen sein, zu erweisen, ob die Anträge der beiden Referate Wenzel und Dr. Grübl sich überhaupt durchführbar darstellen und daher zur Basis weiterer Discussion genommen werden können. Da aber die vorliegende Denkschrift eben die Aufgabe hat, die Verhältnisse der Vororte klarzulegen und hierdurch ein Substrat für jene Berathungen zu bieten, so müssen die gestellten Anträge auch hier beleuchtet werden, wobei sich Gelegenheit bietet, auch auf die Motivirung derselben Licht zu werfen.

Beleuchtung dieser Referate.

Dr. Grübl vertritt in seinem Referate die Interessen der Grosscommune mit voller Wärme und aller Gewandtheit des erfahrenen Rechtsgelehrten. Und die Ansicht, solcherart den bedrängten Finanzen der Stadt Erleichterung zu schaffen, ist eine zu verlockende, als dass nicht seine Anträge einem grossen Theile der Vertreter, wie Bewohner Wiens willkommen sein müssten. Da sie aber dahin gehen, diese Erleichterung auf Kosten Anderer zu schaffen, so muss diesen das Recht der Einsprache und die Kritik dieser Vorschläge unbenommen sein. Und eine solche wird nicht schwer, denn schon der offene Ausspruch, es sei die unabweisliche Pflicht der Gemeindevertretung Wiens, „den bedrängten Geschäftsbranchen zu Hilfe zu kommen und dafür zu sorgen, dass die wohlhabenden Kreise der Vororte herangezogen werden, um die Lebensmittel der Aermeren in Wien zu entlasten", kennzeichnet den Standpunkt des Referenten und macht eigentlich jeden weiteren Commentar überflüssig. Die Solidarität der Interessen kann in einem Lande, im Reiche Berechtigung geben, durch die legalen Vertretungskörper und die Regierung Schritte zu gleichmässigerer Vertheilung der Lasten einzuleiten. Dass aber den Nöthen eines einzelnen Gemeinwesens dadurch abgeholfen werden soll, die wirthschaftlich besser situirten Anrainer ohne Weiteres ins Mitleiden zu ziehen, widerstrebt doch gar zu sehr den einfachsten Begriffen des Rechts, der Billigkeit und müsste in letzter Reihe zu den bedenklichsten Consequenzen über die Berechtigung des Einzelnen auf die Tasche seines Nachbarn führen.

Für eine so wenig zu begründende Anforderung lassen sich die Belege nur mit Zwang erbringen, und daher finden sich in Dr. Grübl's Referat vielfache Stellen, in welchen die Belege verschleiert werden, dass sie zum Zwecke zu passen scheinen, während sie thatsächlich und ungeschminkt zu Waffen gegen den Antrag werden können.

Um mit dem Wichtigsten zu beginnen, heben wir den Antrag heraus, „dass als Ertrag der Verzehrungssteuer innerhalb der neuen Linien in keinem Falle mehr verlangt werden soll, als ein Betrag, welcher dem heutigen Erträgnisse oder einer durchschnittlichen Belastung von höchstens 6 fl. per Einwohner entspricht." Nun betrug die Verzehrungssteuer ohne Gemeindezuschläge nach den Anführungen im Referate S. 29 für Wien im Jahre 1881 8,315,311 fl. 44·5 kr., in den Vororten, deren Einbeziehung ins Auge gefasst wird, 480.239 fl., zusammen 8,795.550 fl. Bei einer Bewohnerzahl von 1.097.809 entfiele also durchschnittlich für den Kopf der Bevölkerung 8 fl. 1·2 kr. So hoch berechnet sich aber derzeit die Quote für den Staat allein, und da nach den wiederholten Enunciationen die Regierung unter den bisherigen Ertrag der Verzehrungssteuer nicht herabzugehen vermag, ja den progressiven Charakter dieser Abgabe aufrecht erhalten haben will, so ist es auch in voller und bereitwilligster Annahme der Voraussetzung, „dass die Regierung und speciell die Finanzverwaltung dieser grossen Aufgabe jenes verständniss- und schonungsvolle Wohlwollen entgegenbringt, ohne das Massregeln von so einschneidender Bedeutung überhaupt nie und nimmer durchgeführt werden können", ganz unbegreiflich und unerklärlich, woher der über das „von der Regierung zu verbürgende" Maximum von 6 fl. per Kopf hinausgehende Mehrbetrag der Staatssteuer mit 2 fl. 1 2 kr. per Kopf, also ein Betrag von 2,208.791 fl. 70·8 kr. genommen werden soll? Neben dieser Staatsgebühr müssen aber auch noch die Gemeindezuschläge ins Auge gefasst werden, welche derzeit in Wien 1,480.734 fl., in den 13 Vororten, wo solche eingehoben werden, 13.522 fl. 26 kr. betragen. Im Falle der Einbeziehung zu einem gemeinsamen Verzehrungssteuergebiete müssen diese Zuschläge, da einerseits die Regierung die Einigung über ein gleiches Ausmass dieser zugleich mit der Staatssteuer einzuhebenden Zuschläge als Vorbedingung stellt, anderseits aber die Gemeinde Wien auf das Einkommen in der bisherigen Höhe nicht verzichten zu können erklärt, für den ganzen Rayon mindestens in dem Ausmasse von 22·7 Percent der Staatssteuer erhoben werden, in welcher Höhe sich die nach Artikeln derzeit sehr verschieden bemessenen Zuschläge für Wien im Ganzen stellen. Dies ergiebt einen weitern Betrag von 1,996.589 fl. 85 kr. oder von 1 fl. 81·8 kr. per Kopf. Die durchschnittliche thatsächliche Steuerleistung würde sich also auf 9 fl. 83 kr. stellen und jene nach Dr. Grübl nicht zu übersteigende, garantirte Maximalleistung von 6 fl. per Kopf um 3 fl. 83 kr., für das ganze Steuergebiet um 4,104.608 fl. 47 kr. übersteigen. Da auch Magistratsrath Wenzel, wie Director Ruziczka erwiesen hat, in seiner Berechnung der durchschnittlichen Steuerquote nur die Staatssteuer in Ansatz bringt und von den Gemeindezuschlägen ebenso wie Dr. Grübl erst hinterher spricht, so tritt der Gedanke nahe, dass Methode in diesem Vorgang liege, um die Belastung, welche sich nach dem Projecte ergeben würde, auf den ersten Blick nicht so schwer erscheinen zu lassen. Der Vorgang ist aber doch gar zu durchsichtig, und wer mit Vorschlägen so tiefgreifender Natur hervortritt, der sollte auch die Consequenzen derselben für Freund und Feind offen darlegen. Freilich liegt eben hier die grösste Gefahr für den Antrag, denn erweist sich die Annahme einer nicht zu überschreitenden Maximalleistung von 6 fl. per Kopf als undurchführbar, in der Wirklichkeit um wenigstens 63·9 Percent zu tief gegriffen, so fallen damit alle weiteren darauf gebauten Consequenzen.

Ein weiteres Beispiel solcher gezwungener Berechnung finden wir auf S. 15 und in der ersten Tabelle des Anhangs, wo nachgewiesen wird, dass bei 11 unter 15 Gemeinden der Umgebung Wiens sich die Gesammtbelastung an directen Steuern, Gemeinde-, Bezirks- und Landesumlagen nach der Berechnung des Umlagemodus von Wien niederer stellen würde, als die für

1882 in Wirklichkeit zu zahlenden Steuern und Umlagen. Denn einmal wäre diese Minderbelastung, wenn die Grösse der Volkszahl in Betracht gezogen wird, nur in Nussdorf von Belang, wo sie 2 fl. 30 kr. per Kopf betrüge, in Hernals dagegen 45 kr., in Währing 25 kr., dem eine Mehrbelastung von 57 kr. in Fünfhaus, 68 kr. in Simmering und von 2 fl. 21 kr. per Kopf in Hietzing entgegenstünde. Dabei ist aber niemals behauptet worden, dass die Vororte bezüglich der directen Besteuerung und den darauf gebauten Gemeinde-, Bezirks- und Landesumlagen irgend wesentliche Vortheile vor der Stadt voraus hätten; ihre günstigere Situation ist einzig durch die Verzehrungssteuer bedingt. Mit Einrechnung derselben und des in Nussdorf und Heiligenstadt bestehenden Zuschlages von 15, in Unter-Döbling von 10, in Weinhaus von 7·5 und in Ober-Meidling, Hernals und Währing von 5 Percent zu den derzeit getragenen Lasten, im Gegensatz zu den gleichen nach dem Wiener Umlagemodus der Verzehrungssteuer im Ausmass von nur 6 fl. per Kopf und mit einem Zuschlage von 22·7 Percent zu derselben, ergibt sich die Gesammtbelastung

	thatsächlich 1881	Totale für Staat, Land u. Gemeinde [1])	nach dem Wiener Modus Verzehrungssteuer 6 fl Staat und 22·7% Gemeinde	Zusammen
in Fünfhaus . . .	603.466	658.284	294.237	952.521
„ Gaudenzdorf . .	233.784	173.990	91.120	265.110
„ Ober-Meidling .	38.461	30.747	18.449	49.196
„ Unter-Meidling .	303.426	309.402	232.278	541.680
„ Rudolfsheim . .	411.036	327.725	220.234	547.959
„ Sechshaus . .	185.848	146.850	85.767	232.617
„ Hietzing . . .	96.262	87.957	22.130	110.087
„ Weinhaus . . .	20.700	17.493	10.424	27.917
„ Unter-Döbling. .	27.973	23.744	12.707	36.451
„ Nussdorf . . .	83.731	40.780	31.495	72.275
„ Simmering . .	255.757	210.249	144.295	354.544
„ Hernals	646.771	734.645	443.980	1,178.625
„ Heiligenstadt . .	72.269	47.624	32.621	80.245
„ Breitensee . . .	33.832	33.329	23.890	57.219
„ Währing . . .	418.826	670.113	295.474	965.587

Selbst bei Annahme der in Wirklichkeit ganz unmöglichen Verzehrungssteuerquote von 6 fl. für den Staat bleibt daher, wenn für die Gemeinde-, Bezirks- und Landeszuschläge der Wiener Modus angewendet wird, von den im Referate aufgeführten 15 Gemeinden eine einzige, das bereits mit hohen Zuschlägen auf die directen Steuern und die Verzehrungssteuer belastete Nussdorf, welches bei diesem Umlagemodus besser führe. Alle anderen würden, wenn die Vereinigung zu einem gemeinsamen Steuergebiete die Umlagen nach Wiener Ausmass, aber damit auch die Erhöhung der Verzehrungssteuer, wenn auch nur in der Annahme Dr. Grübl's brächte, an Gesammtlasten unverhältnissmässig mehr als derzeit zu tragen haben, und der Beweis des Referats schlägt sonach, wenn die ganzen von den

---

[1]) Vergleiche Beilage 1 zu Dr. Grübl's Bericht.

Gemeinden zu tragenden Lasten in Betracht gezogen werden, nicht blos ein Theil derselben, ins Gegentheil um.

Auf S. 28 wird erwähnt, dass im I. bis IX. Bezirk Wiens hochgerechnet 1300 Wirthe existiren, welche durch eine Abfindung der Verzehrungssteuer auf Wein und Bier ruinirt werden müssten, weil auf den einzelnen durchschnittlich eine Abfindungsquote von 1000, beziehungsweise 1700 fl. käme. Da wäre es doch nicht schwer gewesen, dem jüngsten Handelskammerberichte von Wien zu entnehmen, dass daselbst 2170 Gastwirthe, 6 Kellerschenker und 124 Weinhändler bestehen, abgesehen von den Traiteuren und sonstigen Geschäften, welche gleichfalls, wie die meisten Delikatessen-, Colonial- und Gemischtwaarenhandlungen, Wein und Bier verschleissen und daher pro rata ins Mitleiden kämen. Dazu ist ja die Eventualität nicht ausser Auge zu lassen, dass bei einer glücklichen Lösung der Frage, zu der ja auch die Vororte, wenn sie nur nicht einfach vergewaltigt und in ihrem Lebensnerv geschädigt werden, gerne die Hand bieten, zur Zahl der obigen mit dem Getränkeverschleiss Beschäftigten noch die 1136 Wirthe, 225 Weinschänker und 25 Weinhändler der Vororte treten, also der auf den Einzelnen entfallende durchschnittliche Abfindungsbetrag sich auf eine mehr als dreifach so hohe Zahl vertheilt.

Die Ansicht auf S. 13, dass die „Vororte wie die Stadt alle Schichten der Bevölkerung, vom Wohlhabendsten bis zum Aermsten besitzen", ist wohl ganz richtig. Bei Projecten so einschneidender Art kommt es aber nicht auf Einzelne an, sondern es muss der allgemeine Wohlhabenheitsgrad in Rechnung gebracht werden. Wie tief dieser aber bei der Masse der Bevölkerung in den Vororten der Stadt gegenüber steht, ist dem Kenner dieser Verhältnisse nicht zweifelhaft und wird im Abschnitte über die Bevölkerung der Vororte ausführlich dargelegt werden. Die völlig unmotivirte Bemerkung, „dass es bei genauerer Untersuchung zweifelhaft wäre, ob die Vororte der Erfüllung der im selbstständigen und übertragenen Wirkungskreis gelegenen Verpflichtungen gewachsen sind", berührt recht unangenehm und sollte in einer Arbeit, welche Verständigung und Einigung fördern will, nicht vorkommen. Die Schul- und andern öffentlichen Bauten wie die sonstigen Unternehmungen und Neuschöpfungen der grossen Vororte halten den Vergleich mit Wien — immer die relativ unerlässlich grösseren Anforderungen der Grosscommune als Reichshauptstadt im Auge — ganz gut aus und ob wirklich das Project der Wienthalwasserleitung ein klägliches war, indem es die Betheiligten vorzogen, statt hohe Anlehen aufzunehmen, die Ausführung einem Consortium anzuvertrauen und sich das Resultat der Arbeit gegen billige Entschädigung zu sichern, wäre erst noch zu beweisen. Das als Beispiel zur Nachahmung hingestellte Verlangen des Vororts Währing nach Einverleibung zur Stadt gehört einer vergangenen Periode an, die erneuerte Gemeindevorstehung ist anderer Ansicht und einer Einbeziehung in den Steuerrayon wäre auch die frühere entschieden entgegengetreten.

Auch dem Satze, „dass alle bisherigen Publicationen und Aeusserungen gegen die Einbeziehung der Vororte in das Verzehrungssteuergebiet die Annahme enthalten, der gegenwärtig für Wien geltende Verzehrungssteuertarif solle unverändert aufrecht erhalten und den Vororten applicirt werden, was nicht ohne Tendenz sei (S. 33)", muss entgegengetreten werden. Dass eine Reform des Steuertarifes Noth thue, haben die Vertreter der Vororte nie in Abrede gestellt, und nur betont, dass von einer solchen, noch so gründlichen, ohne gleichzeitige Reform des gesammten indirecten Steuersystems eine dauernde Wendung zum Bessern kaum zu gewärtigen sei. Namentlich aber wurde stets betont, dass was immer für eine Aenderung des Tarifs die Wunden nicht zu heilen vermöge, welche den Vororten durch eine Einbeziehung in den Steuerrayon der Stadt geschlagen würden. Die Steuersumme, auf welcher Staat wie Stadt bestehen, muss doch aufgebracht werden und daher der Betrag, um den eine Reihe von Consumartikeln erleichtert wird, andern aufgelastet werden. Es liegt aber im Wesen des Marktes, dass die namhafte Vertheuerung eines allgemeinen Verbrauchsartikels auf die Preise der meisten anderen ihre unmittelbare Nachwirkung übt, weil jeder Käufer, so weit er es vermag, den höher gezahlten Preis auf die eigene Waare überwälzt und wieder hereinzubringen sucht. Hierzu kommt noch, dass jede Steigerung allgemein unentbehrlicher Lebensmittel quantitativ desto stärker zum Ausdrucke kommt, je mehr die Waare zum Klein- und Einzelnverschleiss kommt, weil hierbei die unterste Theilbarkeit der Münze zum Hinderniss wird und der Verschleisser den Preis, der in Bruchtheilen auf die Kleinwaare umzulegen wäre, stets nach oben abrundet. Je ärmer die Bevölkerungsschichten, desto mehr werden sie von solcher Vertheuerung im Kleinen betroffen, und daher fehlt es durchaus nicht an Ansichten, welche jener angeblichen der Fachmänner, „dass die Belastung der ärmeren Schichten der Bevölkerung gewiss nicht mehr als 2—3 fl. betragen werde", entschieden entgegenstehen.

Auch andere Stellen im Referate des Gemeinderathes Grübl, welche sich speciell gegen die Denkschrift des Industriellen-Clubs wenden, liessen Einwendungen zu. Der Referent findet räthselhaft, was die Textil- und Thierhäute-Industrie mit der Verzehrungssteuerfrage zu schaffen habe? Auch diese brauchen ja Kohle und sonstigen Brennstoff, Oele und sonstige der Verzehrungssteuer unterliegende Rohmaterialien. Der Schwerpunkt liegt aber bei diesen Etablissements aller Art in der Lohnfrage. Werden die allgemein unentbehrlichen Lebensmittel vertheuert und steigen hierdurch die Wohnungszinse, so ist eine entsprechende Lohnsteigerung die unmittelbare Folge, hierdurch aber wird den Fabriken der Vororte der wichtigste Factor ihres Gedeihens entzogen. Wenn der Referent den Befürchtungen für die Bierbrauereien in den Vororten den Aufschwung des Mauthner'schen Etablissements entgegenhält, so ist zu bemerken, dass diesem nebst seiner Verbindung mit der Spiritus- und Presshefefabrik seine Nähe zu den Consumtionslocalen zu Gute kommt, welche die täglich mehrmalige Zufuhr kleiner Quantitäten an die Wirthe und Schänker leichter und mit weniger Kosten für Fuhrwerk möglich macht, als von den weiter entlegenen Brauereien. Die Behauptung, dass dem Weingrosshandel nicht der geringste Nachtheil drohe, wird durch die erst jüngster Zeit neuerlich von dem Club der Wiener Weinhändler eingeleiteten Schritte, der befürchteten Einbeziehung in den Verzehrungssteuer-Rayon zu begegnen, keineswegs bestätigt, und ob der Vorschlag, von monatlich wiederkehrenden

Revisionen der Weinkellereien Umgang zu nehmen. Annahme finden wird, ist eben so ungewiss, als es sicher steht, dass derlei Revisionen mehrere Tage erfordern, daher nur unter empfindlichster Schädigung des Geschäftsbetriebes erfolgen könnten.

Der sicher wohlwollende Schlussantrag, dass die Regierung die Linienwälle der Gemeinde Wien für öffentliche Zwecke unentgeltlich überlassen wolle, soll nur kurz berührt werden. Bis nun ist die Bevölkerung durch solche Generosität in Spendung von Staatseigenthum nicht verwöhnt worden und es bleibt noch zu erörtern, ob eine andere als die Allerhöchste Instanz Befugniss hätte, über Staatsgut in solcher Weise zu verfügen. Keinesfalls kann dieser Gedanke bei den in Aussicht genommenen Verhandlungen in irgend conciser Form zur Discussion gelangen.

Umfang und Culturen des projectirten Gebietes.

Die beiden Referenten haben jenes Moment, das Sec. Stadler bei der Aufnahme in den Stadtverband hervorhebt, die Berücksichtigung des Umstandes, dass sich im Stadtgebiete nicht zu grosse Flächen befinden sollen, welche eine Verbauung und Bewohnung für sehr lange Zeit oder ganz ausschliessen, wie dies z. B. bei ausgedehnten Acker- und Wiesenflächen, Gebirgshöhen, Waldungen etc. der Fall sein würde, ganz unberücksichtigt gelassen, obwohl dasselbe noch weit bedeutungsvoller bei einer Einbeziehung in den Verzehrungsteuer-Rayon ins Gewicht fällt. Der Umfang desselben würde wie erwähnt 165·89 ☐Kilometer betragen, wovon auf die Vororte, deren Einbeziehung erfolgen soll, 110·67 ☐Kilometer kommen. Von diesen entfallen auf die 31 Vororte, über welche detaillirte durch die Direction des Katasters erlangte Daten zu Gebote stehen, 85·81 ☐Kilometer oder 14.911 Joch 283 ☐Klafter, welche sich nach den Culturen folgenderart vertheilen:

Aecker	20·92	☐Kilom. oder	3634	Joch	775	☐Klafter.
Wiesen	14·42	„ „	2505	„	498	„
Gärten	13·72	„ „	2384	„	545	„
Weingärten	6·13	„ „	1064	„	946	„
Hutweiden	2·19	„ „	381	„	307	„
Waldungen	17·61	„ „	3061	„	178	„
unproductive Grundfläche	0·22	„ „	37	„	937	„
Bauarea und Hofräume	5·66	„ „	984	„	434	„
Strassengründe	4·94	„ „	858	„	461	„

Also von der ganzen Area sind nur 6·6 Percent verbaut, der Rest entfällt auf die unverbauten Flächen, und davon 24·3 Percent auf Aecker 20·5 auf den Wald, 16·8 auf Wiesen, 16·0 auf Gärten, 7·1 auf Weingärten und 2·7 Percent auf Hutweiden. Ganz abgesehen davon, dass es doch ein ganz eigenthümlicher Gedanke ist, so grosse Flächen unverbauten Grundes zu einer geschlossenen Stadt einbeziehen zu wollen, geben insbesondere zwei dieser Culturarten zu bedenken. Die eine ist der Wald, der im Ganzen über ein Fünftel des Flächenraumes der Vororte ausmacht, mit den grössten

Strecken aber in 6 an der Peripherie des projectirten Rayons gelegenen Gemeinden zu finden ist. Es umfassen an Waldland

Dornbach	. .	4·40	☐Kilometer oder	780 Joch	61	☐Klafter
Grinzing	. .	3·57	„ „	620 „	336	„
Neuwaldegg	.	2·03	„ „	353 „	441	„
Salmannsdorf		1·95	„ „	339 „	852	„
Ottakring	. .	1·90	„ „	329 „	1485	„
Hütteldorf	. .	1·80	„ „	312 „	1511	„

Die Waldungen dieser sechs Gemeinden dehnen sich nicht nur mehr als an der Hälfte der proponirten neuen durch acht Wegstunden sich erstreckenden Verzehrungssteuergrenze entlang, sondern reichen von dieser stundenweit ins Innere des Rayons hinein. Da drängt sich wohl die Frage auf, wie diese über Gebirgskamm, Berg und Thal hinziehende Circumvallation, welche nur durch natürliche Grenzen, ohne Wall und Graben, abgeschlossen werden soll, ausreichend zu überwachen sein wird, um dem Schmuggel auf den zahlreichen Wegen und Fusspfaden im Wald, welche besonders von Westen und Nordwesten in den projectirten Stadtrayon führen, begegnen zu können. Auch an eine entsprechende Vermehrung der Finanzwache kann nicht gedacht werden, denn diese würde hohe Kosten erfordern, welche aber nach der Vorlage Nr. 2 nur ganz unerheblich gesteigert werden sollen. Das ebendort vorgeschlagene System der verbotenen Wege aber setzt gleichfalls eine hinlängliche Ueberwachung, also eine sehr bedeutende Vermehrung der Wache voraus, wenn nicht die ganze Begrenzung eine rein illusorische bleiben soll. Hierzu kämen die an den Einbruchstationen erforderlichen Manipulations- und Ueberwachungsämter mit ihrem Personal, dessen Zahl, wenn sie dem heutigen unabweislichen Bedürfnisse entsprechen soll, keine geringe sein kann. Denn wenn anerkannt wird, dass die an der heutigen Octroibegrenzung bestehenden 15 Linienämter unzureichend und den Verkehr hemmend sind, so kann doch die Ansicht kaum ernst genommen werden, den Import verzehrungssteuerpflichtiger Waaren bei der neuen, viermal so lang sich erstreckenden Grenze auf 12 Stationen zu beschränken.

Hierzu kommt, dass der so begrenzte neue Rayon wirthschaftliche Factoren in sich schliesst, welche in der Stadt jetzt gar nicht oder doch nur in verschwindend geringer Zahl vertreten sind. Wie bei der Area die landwirthschaftliche Fläche in hervorragender Weise auftritt, so spielt der Betrieb der Landwirthschaft, welche sich in der Stadt auf 577 Eigenthümer und 440 Arbeiter beschränkt, auch bei der Bevölkerung der Vororte eine hervorragende Rolle. Die Zählung hat in den 31 Vororten 6654 mit Landwirthschaft und verwandten Erwerbszweigen beschäftigte selbstständige Personen gefunden, nebst 1786 Hilfsarbeitern und 10.051 Famil engliedern, zusammen 18.491 Personen, welche sich von der Bodencultur in ihren verschiedenen Abstufungen nähren und eine noch weit grössere Anzahl von Taglöhnern durch fast das ganze Jahr beschäftigen. Hierunter ist besonders eine Art zu nennen, welche durch die Einbeziehung in den Verzehrungssteuer-Rayon unmittelbar betroffen, ja geradezu in seinem Fortbestande unmöglich gemacht würde, der Weinbau. Dieser nimmt unter den landwirthschaftlichen Beschäftigungen der Vororte nach Ausdehnung und noch mehr nach der wirthschaftlichen Wichtigkeit des Productes eine hervorragende Stellung ein; 7·14 Percent der Gesammt-Area der Vororte sind der Weincultur gewidmet, und in einer Reihe derselben steigt dieser Antheil der Weingärten weit höher an; so

in Währing	mit	44	Joch	635	□Kl.	auf	11.68	Percent,
„ Grinzing	„	190	„	367	„	„	15·17	„
„ Unter-Döbling	„	19	„	1572	„	„	15·65	„
„ Heiligenstadt	„	80	„	47	„	„	16·17	„
„ Gersthof	„	36	„	532	„	„	17·57	„
„ Ober-Sievering	„	74	„	76	„	„	18·14	„
„ Kahlenbergerdorf	„	57	„	1454	„	„	18·15	„
„ Neustift	„	63	„	616	„	„	27·71	„
„ Unter-Sievering	„	110	„	400	„	„	32·05	„
„ Nussdorf	„	124	„	1467	„	„	32·30	„

Die mit Weinbau in den Vororten Beschäftigten und davon Lebenden lassen sich ziffermässig nicht genau feststellen, da die Zählung sie der landwirthschaftlichen Bevölkerung zugerechnet hat; nach den verlässlichsten Angaben darf aber die Zahl solcher Personen mit ihren Angehörigen nicht unter 5000 veranschlagt werden, ungerechnet die Taglöhner, welche nur während einzelner Perioden zur Weingartenarbeit verwendet werden.

Nun bildet der Wein einen der Artikel, welcher schon jetzt auf dem flachen Lande mit einer Verbrauchsabgabe, u. zw. von 2 fl. 97 kr. per Hectoliter belegt ist. Für Wien dagegen beträgt der Steuersatz 5 fl. 8 kr. Die Einbeziehung würde daher für das Product der weinbauenden Vorortebewohner beim Verbrauche eine Erhöhung von 2 fl. 11 kr. oder 94·6 Percent hervorrufen. Wenn schon die mit grossem Capital arbeitenden Weinindustriellen der Vororte entschieden erklären, bei derlei Besteuerung des Weines, der eingelagert und zumeist erst nach längerer Zeit in weiteren Umsatz gebracht wird, nicht bestehen zu können, und neue ausserhalb der Verzehrungssteuerlinie gelegene Betriebsstätten aufsuchen zu müssen, um wie viel mehr wäre dies beim kleinen Weinbauer der Fall und wie umständlich und kostspielig müsste sich die Ueberwachung gestalten. Die Bemerkung in der Vorlage Nr. 2, „dass die Erzeugung von Wein und Most nur zur Zeit der Weinlese bei den nördlichen und nordwestlichen Vororten eine vermehrte Controle fordere", thut die Sache doch zu summarisch ab, denn der kleine Weinbauer hat nicht die Mittel, die Verzehrungssteuer bei der Lese zu erlegen und setzt sein Product in kleinen Partien während des ganzen Jahres ab, daher die stetige Controle so vieler unbeträchtlicher Vorräthe eine eben so umständliche als vexatorische werden müsste. Ist es doch leider ohnedies Thatsache, dass der Weinbau in der Umgebung Wiens theils durch allgemeine Wirthschaftsverhältnisse, theils durch Naturereignisse in entschiedenem Rückgange begriffen ist. Um so schwerer müssten die damit Beschäftigten durch eine so empfindliche fiscalische Massregel betroffen, ja ihnen geradezu die Bedingungen der Existenz entzogen werden.

Folgen der Einverleibung in finanzieller Beziehung.

Bei Projecten so einschneidender Natur, wie sie in den Anträgen an die Verzehrungssteuer-Commission des Gemeinderathes vorliegen, sollte doch erörtert werden, ob denn die Möglichkeit der Ausführung gegeben ist oder doch vorausgesetzt werden kann. Denn wie in der Einzelnwirthschaft die Nothwendigkeit ausserordentlicher Anspannung aller Kräfte eintreten kann, der kluge Hauswirth aber Unternehmungen meiden wird, welche die Leistungsfähigkeit seines Haushaltes weit übersteigen und hiedurch die Grundfesten desselben untergraben; so mögen auch im Gemeinwesen Pläne vorgebracht werden, welche schwer, nur mit Opfern und im Verlaufe der Zeit der Verwirklichung zugeführt werden können, es muss aber doch untersucht werden, ob jene, denen die Opfer zugemuthet werden, die Möglichkeit haben, dieselben zu leisten. Ein solches Opfer wird den Vororten von der Grosscommune angesonnen und wenn sie sich dagegen mit allen Mitteln wehren, so erfüllen sie damit eben nur ihre Pflicht gegen die eigenen Gemeindegenossen, weil die Durchführung der Einbeziehung in den Wiener Verzehrungssteuer-Rayon in der Art, wie er in Vorschlag gebracht wird, von den Vororten Steuerleistungen verlangt, welche auch nicht im entferntesten mit den Mitteln im Verhältnisse stehen, über welche die Vororte verfügen.

Ein Massstab hiefür ergiebt sich durch Vergleichung des Betrages der Gemeindeumlagen und der derzeitig entrichteten Verzehrungssteuer mit jenen Beträgen, welche sich nach Einbeziehung der Vororte in den Verzehrungssteuer-Rayon nach der durchschnittlich auf einen Kopf entfallenden Quote ergeben würden. Diese Berechnung ist in mehrfacher Art ausgeführt worden, und sehen wir dabei von dem für Stadt und Vororte sich ergebenden Kopfbetrage (S. 26) per 9 fl. 83 kr. ganz ab, weil der Consum in der Stadt zweifellos bedeutend höher ist, als in den Vororten, daher auch ein aus der Bevölkerung im Ganzen gezogener Durchschnitt für die Vororte unzweifelhaft viel zu hoch gegriffen wäre.

Magistratsrath Wenzel nimmt diesen Unterschied mit 20 Percent an, welche er aus dem Mehrconsum der Stadt entsprechend, auch bei der Vertheilung des im ganzen Rayon sich ergebenden Ertrages der Zuschläge als Präcipuum für die Stadt beansprucht. Wird in gleicher Art auch der Verzehrungssteuerantheil geschieden, so würde sich per Kopf und Jahr für Wien ein Betrag von 10 fl. 87·3 kr., für die Vororte von 8 fl. 84·7 kr. ergeben.

Director Ruziczka hält diese Differenz zu gering und nimmt an, dass die Bewohner von Wien im Durchschnitte einen doppelt so hohen Consum haben, wobei sich, bei gleicher Scheidung des Verzehrungssteuerantheiles, derselbe per Kopf und Jahr in Wien auf 13 fl. 10·6 kr., in den Vororten auf 6 fl. 55·3 kr. stellen würde, was also die verhältnissmässig für die Vororte günstigste Annahme der effectiven Steuerleistung bildet.

Zwischen beiden stehen die Ansätze Dr. Grübl's mit der Maximalleistung von 6 fl. für den Staat und dem 22·7 Percent betragenden Gemeindezuschlage, was einer durchschnittlichen Quote von 7 fl. 36·2 kr. gleichkommt.

Nach diesen Berechnungsschlüsseln würden die 31 Vororte (auf welche wir uns beschränken müssen, weil das Referat (S. 29) für den ganzen zur Einbeziehung beantragten Rayon nur die Staatssteuer, nicht die Gemeindezuschläge angiebt), welche derzeit eine Verzehrungssteuer sammt Zuschlägen im Betrage von 445.520 fl. 58 kr. aufbringen müssen, zu tragen haben

bei einer Quote von . . 6 fl. 55·3 kr. 2,388.352 fl.,
„ „ „ „ . . 7 „ 36·2 „ 2,683.206 „
„ „ „ „ . . 8 „ 84·7 „ 3,224.440 „

Die Steigerung gegen die derzeitige Steuerleistung der Vororte betrüge daher nach dem 1. Schlüssel 436·08, nach dem 2. 502·27 und nach dem 3. 623,74 Percent, und die neue Verzehrungssteuer allein überstiege die bisher von den 31 Vororten nach den Rechnungsabschlüssen für 1881 mit 1,215.384 fl. eingehobenen gesammten Umlagen nach dem 1. Schlüssel um 96.51, nach dem 2. um 120·77 und nach dem 3. um 165·30 Percent. Wenn solche Zahlen nicht sprechen und überzeugen, welche Beweise sollen dann überhaupt erbracht werden? Denn dass Gemeinden, deren Einnahmsquellen mit den Ausgaben eben im Verhältnisse stehen, aber durch die letzteren auch vollauf in Anspruch genommen werden, eine Steigerung der Lasten nicht zu leisten und zu ertragen vermögen, welche im günstigsten Falle mehr als das Fünffache, im ungünstigsten mehr als das Siebenfache des bisher Geleisteten beträgt, und die das Einkommen aus den gesammten Gemeindeumlagen im günstigsten Falle ums Doppelte, im ungünstigsten um fast das Dreifache übersteigt, muss Jeder einsehen, dessen Blick nicht geflissentlich getrübt sein will.

Wie Director Ruziczka nachweist, würde sich bei der Annahme des Magistratsrath Wenzel eine Differenz von 20 Percent, für die Stadt gegen die heutige Verzehrungssteuerleistung per Kopf eine durchschnittliche Erleichterung um 25·1 Percent, dagegen für die Bewohner der Vororte eine Mehrbelastung um 692·79 Percent ergeben. Bei seiner eigenen Annahme eines in der Stadt doppelt so grossen Consums als in den Vororten betrüge die Entlastung in der Stadt 9·31 Percent gegenüber einer Mehrbelastung der Vororte um 513·15 Percent. Um also den Bewohnern von Wien eine durchschnittliche Erleichterung um nicht ein Zehntel ihrer Lasten zu gewähren, müssten den Bewohnern der Vororte ihre Leistungen auf mehr als das Sechsfache gesteigert werden. Solcher Ungeheuerlichkeit gegenüber muss der Ausruf Ruziczka's; „Das ist denn doch eine Steuererhöhung, wie sie bis nun noch nirgends vorgekommen ist", höchst masshaltend genannt werden.

Nach Dr. Grübl's Antrag kommen freilich Stadt wie Vororte weit besser weg. Nach seinen nicht zu übersteigenden, vom Staate garantirten Maximalbetrag von 6 fl. per Kopf an Staatssteuer und dem Gemeindezuschlage von 22·7 Percent ergiebt sich per Kopf eine Steuerleistung von 7 fl. 36·2 kr. Es berechnen sich also

für die 724.342 Bewohner der Stadt . . 5,332.605 fl.
„ „ 373.467 „ „ Vororte . 2,749.464 „
Zusammen 8,082.069 fl.

Dieses Erträgniss bleibt also um 233.242 fl. gegen die landesfürstliche Verzehrungssteuer im Jahre 1881 zurück, auf welche in gleicher Höhe die Regierung nicht verzichten zu können erklärt. Die Stadt geht mit ihrem Zuschlage von 1,480.734 fl. im Jahre 1881, welchen sie gleichfalls für ihre Finanzen unentbehrlich erklärt, leer aus, wiewohl die Quote von 22·7 Percent für ihre Bevölkerung in der obigen Summe bereits eingerechnet ist. Wie sehr hängt also bei der ausdrücklichen Erklärung der Regierung, auf der Verzehrungssteuersumme der Stadt in der jetzigen Höhe von 8,079.977 fl. bestehen zu müssen, ein Antrag in der Luft, der für das ganze projectirte Steuergebiet nur 6·6 Millionen Gulden in Rechnung stellt, und zufügt, „was darüber eingeht, wäre gleich den Gemeindezuschlägen an die im Steuergebiete liegenden Gemeinden zu vertheilen." Um den Antrag plausibel zu machen und durch eine höhere Quote per Kopf nicht zu schrecken, werden Ansätze gemacht, deren Erträgniss für die bestehenden Bedürfnisse und Anforderungen nicht entfernt zureichen könnte. Es muss Wunder nehmen, erfahrene Männer mit solchen Projecten hervortreten zu sehen.

Die ungeheure, zu den Mitteln der Gemeinden ausser allem Verhältniss stehende Ueberbürdung, welche den Vororten aus der Einbeziehung in den Steuerrayon entstehen müsste, zeigt sich noch augenfälliger, wenn die Berechnungen, welche oben für die 31 Vororte in Summa angeführt wurden, für die einzelnen Gemeinden gemacht werden. Wir lassen zwei Uebersichten folgen, deren eine die Verzehrungssteuerleistung der Vororte im Jahre 1881 (mit Einrechnung der Gemeindezuschläge, wo solche bestehen) und die Beträge enthält, welche von diesen Gemeinden nach den Ansätzen von Director Ruzička (6 fl. 55·3 kr. per Kopf), Dr. Grübl (6 fl. Staatssteuer und 22·7 Percent Gemeindezuschlag, zusammen 7 fl. 36·2 kr. per Kopf) und Magistratsrath Wenzel (8 fl. 84·7 kr. per Kopf) zu entrichten wären. Die zweite Uebersicht enthält die jetzigen Umlagen der Gemeinden, ihre derzeitige Leistung an Verzehrungssteuer, und die Vergleichung mit jenem Ansatze der Steuer nach vollzogener Vereinigung zum gemeinsamen Steuergebiete, welche für die Vororte die günstigste ist, nämlich mit Annahme eines in den Vororten nur halb so grossen Consums und daher einer Steuerleistung per Kopf mit 6 fl. 55·3 kr. Bei Verwendung des Berechnungsschlüssels nach Dr. Grübl oder Magistratsrath Wenzel müssten sich die Differenzen gegen die Umlagen und derzeitigen Steuerbeträge noch weit colossaler gestalten.

Vororte	Bewohnerzahl	Leistung 1881 Betrag fl.	per Kopf fl.	kr.	Verzehrungssteuer bei der Annahme per Kopf mit 6 fl. 55.3 kr. fl.	kr.	6 fl. Staatssteuer fl.	kr.	2·7% Gemeindezuschlag fl.	kr.	Zusammen fl.	kr.	mit 8 fl. 81.7 kr. fl.	kr.
Fünfhaus	39.967	70.917	1	77	261.903	75	239.802	—	54.435	65	294.237	65	353.588	65
Unter-Meidling	31.551	27.375	—	86	206.753	70	189.306	—	42.972	46	232.278	46	279.131	69
Rudolfsheim	29.915	39.851	1	33	196.032	99	179.490	—	40.744	23	220.234	23	264.658	—
Gaudenzdorf	12.377	20.344	1	64	81.106	48	74.262	—	16.857	47	91.119	47	100.499	32
Sechshaus	11.650	19.143	1	64	76.342	45	69.900	—	15.867	30	85.767	30	103.067	55
Ober-Meidling	2.506	2.843	1	13	16.421	82	15.036	—	3.413	17	18.449	17	22.170	58
Penzing	12.885	11.261	—	87	84.435	41	77.310	—	17.549	37	94.859	37	113.993	60
Breitensee	3.245	2.232	—	68	21.264	49	19.470	—	4.419	69	23.889	69	28.708	52
Hietzing	3.006	7.747	2	57	19.698	32	18.036	—	4.094	17	22.130	17	26.594	08
Hütteldorf	2.261	1.450	—	09	14.816	33	13.566	—	3.079	48	16.645	48	20.003	07
Baumgarten	1.859	1.450	—	99	12.182	03	11.154	—	2.531	16	13.685	96	16.446	57
Hernals	60.307	59.055	—	97	395.191	77	361.842	—	82.138	13	443.980	13	533.536	63
Dornbach	2.823	4.500	1	93	15.222	62	13.938	—	3.163	96	17.101	93	20.551	58
Neuwaldegg	385	600	1	55	2.522	91	2.310	—	524	17	2.834	37	3.406	09
Ottakring	37.417	29.339	—	78	245.193	60	224.502	—	50.961	95	275.463	95	331.028	20
Neu-Lerchenfeld	25.657	36.571	1	42	168.130	32	153.942	—	34.944	83	188.886	83	226.957	48
Währing	40.195	37.845	—	94	263.004	66	240.810	—	54.663	87	295.473	87	355.063	50
Ober-Döbling	8.756	14.586	1	66	57.378	07	52.536	—	11.925	67	64.461	67	77.464	33
Heiligenstadt	4.431	6.422	1	38	29.036	31	26.586	—	6.035	02	32.621	02	39.201	06
Nussdorf	4.278	10.925	2	55	28.083	73	25.866	—	5.826	64	31.494	64	37.847	47
Unter-Döbling	1.726	1.496	—	86	11.310	48	10.356	—	2.350	81	12.706	81	15.269	92
Ober-Sievering	1.558	1.916	1	22	10.209	05	9.348	—	2.122	59	11.470	59	13.783	63
Weinhaus	1.416	1.264	—	89	9.279	05	8.496	—	1.928	59	10.424	59	12.527	35
Gersthof	1.370	1.700	1	24	8.977	01	8.220	—	1.865	94	10.085	94	12.120	39
Grinzing	1.305	3.197	2	45	8.551	67	7.830	—	1.777	41	9.607	41	11.554	18
Pötzleinsdorf	622	1.470	2	36	4.075	97	3.732	—	847	16	4.579	16	5.502	83
Kahlenbergerdorf	580	1.192	2	05	3.800	74	3.480	—	789	56	4.269	56	5.131	26
Ober-Sievering	568	804	1	41	3.722	10	3.408	—	773	62	4.181	62	5.025	10
Neustift am Walde	524	550	1	05	3.433	77	3.144	—	713	69	3.857	69	4.635	83
Salmannsdorf	287	—	—	—	1.880	71	1.722	—	390	89	2.112	89	2.539	06
Simmering	19.600	24.200	1	23	128.438	80	117.600	—	26.695	20	144.295	20	173.401	55
Zusammen	364.467	445.520	58	1	22	2,388.352	26	2,186.802	—	496.404	03	2,683.206	03	3,224.439	55

Vororte	Jetzige Gemeinde-Umlagen	Jetzige Ver-zehrungs-steuer	Ver-zehrungs-steuer mit 6 fl. 55 3 kr. per Kopf	Diese steht höher um Percente	
				gegen die jetzigen Umlagen	gegen die jetzige Ver-zehrungs-steuer
	Gulden				
Fünfhaus	146.872	70.917	261.904	78·32	269·31
Unter-Meidling	80.641	27.376	206.754	156·39	655·24
Rudolfsheim	115.644	39.845	196.083	69·52	391·98
Gaudenzdorf	51.383	20.344	81.106	57·85	298·67
Sechshaus	29.420	19.143	76.342	159·49	298·80
Ober-Meidling . . .	6.437	2.843	16.422	155·12	477·63
Penzing . . .	36.301	11.261	84.435	132·60	649·80
Breitensee . . .	8.100	2.233	21.264	162·52	852·26
Hietzing	12.940	7.747	19.698	52·22	154·27
Hütteldorf	5.534	4.725	14.816	167·73	213·56
Baumgarten	114	1.450	12.182	10.585·97	740·14
Hernals	194.972	59.055	395.192	102·69	569·19
Dornbach	12.947	4.500	15.223	17·58	238·29
Neuwaldegg	3.383	600	2.522	— 25·45	320·33
Ottakring	104.402	29.340	245.193	134·86	735·69
Neu-Lerchenfeld . . .	80.968	36.571	168.180	107·65	359·73
Währing	155.538	37.845	263.004	60·09	594·95
Ober-Döbling	57.051	14.586	57.378	0·57	293·37
Heiligenstadt	20.103	6.422	29.036	44·44	352·13
Nussdorf	21.099	10.925	28.034	32·87	156·60
Unter-Döbling	8.047	1.497	10.310	28·12	588·71
Unter-Sievering	7.206	1.916	10.210	41·69	432·88
Weinhaus	3.461	1.264	9.279	163·10	634·10
Gersthof	5.027	1.700	8.977	78·58	428·06
Grinzing	5.508	3.198	8.551	51·61	167·39
Pötzleinsdorf	4.397	1.470	4.078	— 7·26	177·41
Kahlenbergerdorf . . .	1.495	1.193	3.801	154·24	218·61
Ober-Sievering	1.186	804	3.722	213·83	362·94
Neustift	46	550	3.433	7.363·04	524·18
Salmannsdorf . . .	1.350	—	1.880	39·26	[1]) —
Simmering	33.963	24.200	128.438	278·12	430·74

[1]) 1880 fl. gegen die derzeitige völlige Befreiung von der Verzehrungssteuer.

Die Steigerung, die im Ganzen gegen die derzeit geleistete Verzehrungssteuer mit 436·08 Percent gefunden wurde, und welche die gesammten jetzt eingehobenen Gemeindeumlagen um 96·51 Percent übersteigt [1]), müsste sich namentlich in den volksreichsten Vororten so bedeutend ergeben, dass sie in denselben das Sechsfache und Siebenfache der derzeitigen Verzehrungssteuerleistung, das Doppelte und Dreifache der gesammten Gemeindeumlagen erreichen würde. Die Mittel eben dieser Gemeinden sind aber durch die an sie herantretenden Forderungen schon derzeit stark in Anspruch genommen, der Bau von vielen Schulhäusern und sonstigen öffentlichen Gebäuden, Gemeindehäusern, welche auch Staatsämter zu beherbergen haben oder für solche, wie die Gerichtsbezirksgebäude in Währing, Unter-Meidling besonders aufgeführt werden, der Bau eines Spitals, der Wasserleitung und eines Schlachthauses im Bezirke Sechshaus, die Wienregulirung und Eindeckung des Als- und Währingerbaches, die Anlage neuer Friedhöfe und andere ausserordentliche Auslagen haben eben jene grossen Gemeinden neuester Zeit zur Aufnahme beträchtlicher Anlehen genöthigt, zu deren allmählicher Abstossung durch wohlberechnete Amortisationen vorgesorgt ist. Durch eine alles Verhältniss und Mass überschreitende Steueranforderung, wie sie nach den Anträgen der Referenten des Magistrats und Gemeinderathes eintreten soll, müsste jedoch die Steuerfähigkeit der Vorortebevölkerung in kürzester Zeit völlig erschöpft werden. Dann stocken auch die Leistungen fürs Allgemeine und die Grosscommune würde zum eigenen Schaden gewahren, dass sie sich an der Stelle eines kurzwährenden Trugbildes eigener Entlastung eine nothleidende Bevölkerung von mehreren Hunderttausenden aufgeladen hat, welche dann Hilfeleistung durch die Stadt mit gewiss mehr Recht verlangen können, als es jetzt für Wien von den Vororten verlangt wird. Wenn Bürgermeister Felder in einem seiner Berichte bemerkt dass an dem Grabe der hinfällig gewordenen Gemeinden sicherlich der Staat selbst der nächstbetheiligte Leidtragende wäre, so kann das gleiche Bild mit vollstem Rechte für Stadt und Vororte gebraucht werden, Niemand würde vom Ruin der letzteren schwerer betroffen werden als die Grosscommune selbst.

Verschiedenheit der Bevölkerung in der Stadt und den Vororten in Bezug auf Wohnverhältnisse und Berufsarten.

Alle Stimmen, welche bisher für die Interessen der Vororte in der Frage der Verzehrungssteuer laut geworden sind, haben betont, dass diese Gemeinden von einer Hinausrückung der Octroi-Linie um so härter betroffen werden müssten, als dieselben weit stärker als die Stadt selbst von minder bemittelten Bevölkerungsschichten bewohnt werden, welche eben der billigeren Preise der wichtigsten Lebensbedürfnisse halber sich mehr und mehr den

---

[1]) Dass die Berechnung bei Neuwaldegg und Pötzleinsdorf unter der Höhe der factischen Umlage bleibt, liegt an dem Zeitpunkte der Zählung. Viele Villen dieser Sommerfrischen waren am 31. December ganz geschlossen, deren Bewohner während der schönen Zeit eben den grössten Theil der Umlagen entrichten.

Vororten zugezogen haben. So wenig es für jeden mit den Verhältnissen der Vororte Vertrauten eines Beweises hierüber bedarf, so muss dieser doch in der vorliegenden Schrift, welche eben die Interessen der Vororte zu wahren bestimmt ist, überzeugend erbracht werden, und es wird dies an der Hand authentischen Materials nicht schwer.

Denn es ist bekannt, dass die Bewohnerschaft sich desto dichter zusammendrängt, je unbemittelter sie in überwiegender Zahl ist, weil sich hierdurch die wichtige Wirthschaftspost des Miethzinses auf mehr Personen vertheilt, also dem Einzelnen weniger empfindlich wird. Und thatsächlich ist die Wohnbevölkerung der Vororte weit mehr zusammengedrängt, als jene der Stadt. Allerdings nicht bezüglich der Häuser, weil die in der Stadt überwiegenden mehrstöckigen Zinsburgen erklärlich mehr Bewohner aufnehmen können, als die in der Mehrzahl kleinen Häuser der Vororte. Wohl aber tritt ein solcher Gegensatz sehr schlagend bezüglich der Wohnräume hervor.

In dieser Beziehung hat die letzte Volkszählung sehr instructives Material an die Hand gegeben, indem für die Stadt und für 17 der wichtigsten unmittelbar an die erstere grenzenden Vororte auch eine Erhebung der Wohnverhältnisse ausgeführt wurde. Diese ergab:

	Bevölkerung	Wohnräume		
		Zimmer	Kammern	Zusammen
Stadt Wien	705.402	234.804	115 501	350.305
Simmering	19.600	4.846	1.909	6.755
Heiligenstadt	4 431	1.350	1.063	2.413
Hernals	60.307	14.462	6 519	20.981
Neu-Lerchenfeld	25.657	5 975	2.168	8.143
Nussdorf	4.278	1.328	375	1.703
Ober-Döbling	8.756	2.713	1.432	4.145
Ottakring	37.417	8 501	3.543	12 044
Währing	40.135	10.297	5 571	15.868
Weinhaus	1.416	451	192	643
Sechshaus	11.650	2.528	881	3.409
Fünfhaus	39.967	10.639	5.369	16.008
Gaudenzdorf . .	12.377	3.181	1.109	4.290
Hietzing	3.006	1.301	506	1.807
Ober-Meidling	2.506	712	302	1.014
Unter-Meidling	31.551	7.140	3.082	10.222
Penzing	12.885	4.106	1.657	5.763
Rudolfsheim	29.915	7.496	3.315	10.811

Den 705.402 Bewohnern der Grosscommune in 350.305 Wohnräumen stehen daher 345.854 Bewohner der 17 Vororte in 128.801 Wohnräumen gegenüber, so dass auf 1 Wohnraum in der Stadt 2·02, in den Vororten 2·67 Bewohner entfallen. Nur in 3 kleineren, weiter entlegenen Vororten (Heiligenstadt, Weinhaus und Hietzing) bleibt die durchschnittliche Belegung der Wohnräume geringer als in der Stadt, in den 13 übrigen steigt sie entschieden höher an, erreicht in Simmering, Hernals, Gaudenzdorf und Rudolfs-

heim nahezu 3 Personen, in Unter-Meidling 3·08, in Ottakring 3·10, in Neu-Lerchenfeld 3·14 und in Sechshaus 3·41 Personen auf 1 Wohnraum. Namentlich in den grossen, unmittelbar an die Stadt grenzenden Vororten kommt also auf jeden Wohnraum um 1 Person und darüber mehr als in der Stadt, eine Dichtigkeit, die besonders bei dem Umstande, als ein Drittel der Wohnräume aus Kammern, d. i. einfenstrigen, kleinen Gemächern besteht, geradezu bedenklich genannt werden muss. Solches Zusammendrängen wird sich gewiss Jeder ersparen, der nur immer die Mittel zu behaglichem Wohnen aufbringen kann.

Dass die Bevölkerung wenigstens in den unmittelbar an die Stadt grenzenden volksreichen Vororten weit dichter gedrängt wohnt, ergiebt sich schon aus der einfachen Vergleichung der Volkszahl mit dem Flächenraum der einzelnen Gemeinden; denn während die Stadt Wien mit einer Ausdehnung von 59·01 ☐Kilometer 11.951 Bewohner auf 1 Kilometer hat, finden sich

in Unter-Meidling (2·54 ☐Kilometer) 12.470
„ Rudolfsheim (2·23 ☐Kilometer) 13.415
„ Währing (2·19 ☐Kilometer)...... 18.324
„ Fünfhaus (1·27 ☐Kilometer)...... 31.470
„ Hernals (1·66 ☐Kilometer) 36.330

Bewohner auf 1 ☐Kilometer. Noch weit höher steht die Bevölkerungsdichtigkeit in Gaudenzdorf, Neu-Lerchenfeld und Sechshaus, deren Umfang weit unter 1 ☐Kilometer bleibt (0·36, 0·66 und 0·28), die Bevölkerungsmenge aber doch auf 12.377, 25.657, 11.650 ansteigt, also in Gaudenzdorf für einen Drittel-Kilometer, in Sechshaus für einen Viertel-Kilometer ebensoviel, und in Neu-Lerchenfeld für zwei Drittel-Kilometer mehr als das Doppelte der Anzahl beträgt, die in der Stadt auf einen vollen ☐Kilometer entfällt. In den weiter entlegenen Vororten ist die Bevölkerung allerdings dünner vertheilt, u. zw. in dem Masse, als das Gebiet derselben den Höhenzügen zuliegt und neben der bebauten Area landwirthaftliche Culturen und der Wald zur Geltung kommen.

Auch nach der Höhenlage der Wohnungen lässt sich ein solcher Unterschied zwischen Stadt und Vorstädten bemerken. Denn es wurden erhoben:

	Wien		Vororte	
	Zahl	Bewohner	Zahl	Bewohner
Wohnungen im Keller	529	2.069	983	4.391
„ zu ebener Erde . .	43.250	203.044	33.668	146.765
„ im Halbstock....	2.544	11.941	1.022	4.510
„ „ 1. Stock ...	39.290	186.262	24.289	109.247
„ „ 2. „ ...	29.203	141.408	14.151	60.074
„ „ 3. „ ...	20.166	99.560	4.168	18.771
„ „ 4. „ u. höher	6.656	60.017	85	395
„ unter dem Dache . .	272	1.101	436	1.701
Summe . .	141.910	705.402	78.802	345.854

Obwohl die 17 Vororte kaum halb so viele Wohnungen und nicht die Hälfte der Bewohnerzahl von Wien umfassen, sind doch gerade jene Wohnungskategorien, welche für den Wohlhabenheitsgrad ihrer Bewohner charakteristisch sind, in den Vororten entschieden stärker vertreten. Die sanitär so bedenklichen Kellerwohnungen kommen in den Vororten fast doppelt so häufig vor als in der Stadt, sie betragen in denselben 1·20, in der Stadt 0·37 Percent aller Wohnungen, ja in Fünfhaus steigt dieser Antheil auf 2·17, in Rudolfsheim auf 2·68 Percent an. Und auch die Belegung der Kellerwohnungen ist in den Vororten mit 4·4 Personen auf 1 solche Wohnung weit stärker als in der Stadt mit 3·9 und steigt unter den einzelnen Vororten in Sechshaus auf 5·6, in Währing auf 5·7 und in Hernals auf 6·0 Personen auf 1 Kellerwohnung an.

Ueberhaupt ist die ganze Vertheilung der Wohnungen und deren Bevölkerung nach der Höhenlage eine durchaus verschiedene. Denn die vorstehenden Ziffern, zu Percenten umgerechnet, stellen sich wie folgt. Es entfallen:

	in Wien		in den Vororten	
	Wohnungen	Bewohner	Wohnungen	Bewohner
im Keller	0·37	0·28	1·20	1·27
zu ebener Erde	30·47	28·80	42·72	42·44
im Halbstock	1·80	1·68	1·30	1·30
„ 1. Stock	27·69	26·41	30·82	31·59
„ 2. „	20·58	20·05	17·94	17·37
„ 3. „	14·21	14·12	5·36	5·43
„ 4. „ und höher	4·69	8·51	0·11	0·11
unter dem Dache	0·19	0·15	0·55	0·49

Neben den Kellerwohnungen werden besonders die ebenerdigen Räume, eine Gattung von Behausung, welche in der Regel ebenso wenig von bemittelten Leuten gewählt wird, charakteristisch. In der Stadt kommt nicht einmal ein volles Drittel auf solche Wohnungen, in den Vororten dagegen über 2 Fünftel der Wohnungen wie der Bewohner. Und auch der Gegensatz der Kellerwohnungen, — wie diese der Unterkunftsort der ärmsten Schichten — nämlich die Wohnungen unter dem Dache, sind in den Vororten nach Zahl und Bewohnern relativ dreimal so stark vertreten als in der Stadt.

Unseren weiteren Ausführungen sind wir in der Lage, die Daten für 31 Vororte, also fast den ganzen Rayon zu Grunde zu legen, welcher im Magistratsreferate zur Einbeziehung in die Verzehrungssteuer-Begränzung ins Auge gefasst wird, und der 10.836 Häuser und 364.467 Bewohner umfasst.

Bezüglich der Letzteren ist zunächst hervorzuheben, dass die Zahl der Verheiratheten in den Vororten grösser ist als in der Stadt. Es finden sich

in den Vororten . . . 117.890, d. i. 32·34 Percent,
„ Wien . . . . . . 220.206, „ „ 30·33 „

der Bewohner als verheirathet und eben in den grossen an Wien grenzenden Gemeinden steigt diese Zahl noch höher an, so in Hernals auf,

19.610 = 32·52%, in Nussdorf auf 1423 = 33·27%, in Unter-Döbling auf 590 = 34·18%, in Währing auf 13.782 = 34·34% und in Simmering auf 6816 = 34·77%.

Diese höhere Zahl der Verheiratheten in den Vororten rührt ebenso von dem Zuzuge ganzer Familien, als von den neu geschlossenen Trauungen her, welche in den Vororten häufiger als in der Stadt eingegangen werden, und beweisen, dass die minderbemittelten Bevölkerungsklassen namentlich bei der Gründung neuer Haushaltungen die Vororte aufsuchen. In dem regelmässig und günstig verlaufenden Jahre 1881 wurden in der Stadt 6297, in den Vororten 3451 Trauungen abgeschlossen, es kamen daher auf 1000 Bewohner in der Stadt 8·93, in den Vororten 9·47 neue Ehen, speciell aber in Währing 9·19, in Ober- und Unter-Meidling 9·46, in Hernals und Fünfhaus 9·98, in Sechshaus 10·58 und in Simmering sogar 12·29 Trauungen auf 1000 Bewohner. Im Jahre 1882 ergaben sich bei 6526 Trauungen in der Stadt und 3855 in den Vororten, auf je 1000 Bewohner also 9·14 neue Ehen in der Stadt und 10·58 in den Vororten.

Diese höhere Zahl Verheirateter hat wieder eine grössere Menge von Kindergeburten in den Vororten zur Folge, denn es ergeben sich, wenn die in der Findelanstalt geborenen, nicht nach Wien zuständigen Kinder den Vororten, von welchen sie aus der ledigen Arbeiterbevölkerung daselbst zumeist stammen, zugerechnet werden, in Wien 25.424, in den Vororten 19.432 Kinder, welche im Jahre 1881 zur Welt kamen. Dies giebt in Wien 36·16, in den Vororten 53·32 Neugeborene auf 1000 Bewohner, durch die Geburten allein nehmen daher die Vororte um die Hälfte rascher an Volkszahl zu, als die Stadt. Im Jahre 1882 steigt der Unterschied noch mehr zu Gunsten der Vororte an. Denn da bei gleicher Vertheilung der Findelkinder in Wien 24.254, in den Vororten 20.463 Geburten vorkamen, so berechnen sich auf 1000 Bewohner in der Stadt 34·38, in den Vororten 56·14 Neugeborene. Wieder als natürliche Folge dieser Zustände ergiebt sich in den Vororten eine weit grössere Kinderzahl; denn die Volkszählung ergab:

	Kinder			
	bis mit 5 Jahren		von 6 bis 10 Jahren	
	Zahl	Percent der Bevölkerung	Zahl	Percent der Bevölkerung
in Wien	67.985	9·64	54.792	7·77
„ den Vororten	46.178	12·67	36.536	9·75

Die Vororte weisen daher ungeachtet ihrer nur halb so grossen Bewohnerzahl eine um 5 Percent höhere Menge von Kindern bis zum 10. Jahre auf, und schon hieraus lässt sich eine grössere Zahl der Familienmitglieder abnehmen, welche in den Vororten durchschnittlich auf 1 Haushaltung kommen, um so mehr, als die Sterblichkeit daselbst mit der Stadt nahezu gleich hoch steht; denn es starben 1881 in Wien 21.262, in den Vororten 11.625 Personen, also auf 1000 Bewohner in Wien 30·14, in den Vororten 31·90. Im Jahre 1882 war die Sterblichkeit hier wie dort etwas höher, sie betrug 21.594 Todesfälle in der Stadt und 12.098 in den Vororten, daher sich auf 1000 Bewohner in der Stadt 30·61, in den Vororten 33·20 Todesfälle berechnen. Aber auch am directen Beweise fehlt es nicht, denn in Wien und den 17 Vororten, wo die nähere Erhebung der Wohnverhältnisse ausgeführt wurde, gliedert sich die Wohnbevölkerung in

	Wien		Vororte	
	Zahl	Percent	Zahl	Percent
Familienglieder . .	465.701	66·02	261.453	71·74
Aftermiether . . .	116.584	16·52	62.694	17·20
Bedienstete . . .	61.202	8·68	31.966	8·77
Andere Personen .	61.915	8·78	8.354	2·29

Zu dem hieraus resultirenden starken Uebergewichte der Familienglieder in den Vororten kommt noch, dass in der obigen Ziffer derselben keineswegs alle Personen begriffen sind, welche überhaupt im Familienverbande leben, sondern nur solche, welche einer directen Wohnpartei angehören. Es ist aber bekannt, dass es nicht wenige Verheirathete und besonders Witwen gibt, welche mit ihren Kindern als Afterparteien wohnen, und in dieser Beziehung wird es für die Vororte sehr bezeichnend, dass auch die Zahl der Aftermiether daselbst relativ über jene der Stadt ansteigt, weil eben die Preise für einzelne Kammern und sonstige Quartiertheile in den Vororten billiger sind.

Es ist somit erwiesen, dass in den Vororten jene Arten von Wohnungen, welche nur von unbemittelten Leuten benützt werden, viel häufiger sind, die Bevölkerung weit dichter gedrängt wohnt, dass unter derselben mehr Verheirathete und Kinder gefunden werden und die Kopfzahl der Haushaltungen eine grössere ist, endlich auch mehr Aftermiether vorkommen, als in der Stadt; lauter Erscheinungen, welche nur aus dem geringeren allgemeinen Wohlhabenheitsgrade der Vorortebevölkerung erklärt werden können. Es wurde aber dabei nur die Bevölkerung im Ganzen ohne Unterscheidung der Berufsarten ins Auge gefasst; so wie man auf diese näher eingeht, stellen sich die Gegensätze zwischen Stadt und Vororten noch weit greller heraus.

Schon wenn die weiteren Angaben der Zählung über die Bevölkerung der 31 Vororte innerhalb der Berufsclassen betrachtet werden, ohne auf die Letzteren selbst im Einzelnen einzugehen, ergeben sich sehr bemerkenswerthe Thatsachen. Es wurden nämlich gezählt

	in Wien		in den Vororten	
	Zahl	Percenten	Zahl	Percenten
Selbstständige Personen	105.271	14·93	41.564	11·40
Im Beruf Beschäftigte u. Arbeiter .	192.240	27·25	129.468	35·52
Familienglieder	315.904	44·78	168.955	46·36
Hausdienerschaft	91.987	13·04	24.480	6·72
Summe	705.402	100·00	364.467	100·00

Scheidet man die Zahlen noch weiter nach den drei hauptsächlichsten Beschäftigungsarten der Bevölkerung, so ergeben sich

Berufsarten mit höherer Vorbildung:	in Wien Zahl	Perc.	in den Vororten Zahl	Perc.
Selbstständige Personen	26.477	27·67	7.524	27·21
Im Beruf Beschäftigte u. Arbeiter	5.159	5·39	1.680	6·08
Familienglieder	51.212	53·53	14.769	43·41
Hausdienerschaft	12.829	13·41	3.678	13·30
Summe	95.677	13·56	27.651	7·59
Haus-, Grund- oder Rentenbesitz:				
Selbstständige Personen	24.539	39·62	10.961	38·67
Im Beruf Beschäftigte und Arbeiter	924	1·49	2.235	7·88
Familienglieder	22.466	36·28	11.172	39·41
Hausdienerschaft	14.000	22·61	3.979	14·04
Summe	61.929	8·78	28.347	7·78
Gewerbe, Industrie, Handel nebst Taglohn:				
Selbstständige Personen	54.255	9·90	23.079	7·48
Im Beruf Beschäftigte und Arbeiter	186.157	33·98	125.553	40·70
Familienglieder	242.226	44·22	143.014	46·36
Hausdienerschaft	65.158	11·90	16.823	5·46
Summe	547.796	77·66	308.469	84·63

Aus diesen Uebersichten erhellt zunächst, dass in der Stadt verhältnissmässig mehr selbstständige Personen, in den Vororten dagegen mehr im Berufe Beschäftigte und Arbeiter vorkommen, die Letzteren überwiegen in den Vororten um 8·27 Percent. Auch die Zahl der Familienglieder ist in Consequenz der schon erörterten grösseren Häufigkeit der Verehelichungen und des Zuzuges vieler Familien in den Vororten eine höhere. Dagegen ist die Hausdienerschaft daselbst weit schwächer, ja kaum halb so stark als in der Stadt vertreten, denn auf 100 selbstständige Personen kommen in Wien 89 in den Vororten nur 59 häusliche Dienstboten. Nun lässt sich wohl nicht in Abrede stellen, dass die selbstständigen Personen sowohl in der Classe der Haus- und Rentenbesitzer, als Beamte oder in sonstiger öffentlicher Wirksamkeit, wie als Geschäftseigenthümer und als Herren bei Industrie, Gewerbe und Handel doch jedenfalls eine weitaus wohlhabendere Bewohnerschichte darstellen, als die Masse der Arbeiter, und auch die Zahl der Dienstboten giebt einen guten Massstab ab, weil die Kosten der Erhaltung derselben mit ihrer Zahl wachsen; je mehr daher in Verwendung stehen, desto beträchtlicher die Mittel ihrer Dienstherren sein müssen. Die grössere Zahl selbstständiger Personen und Diener in der Stadt beweist daher ebenso den höheren Grad der Wohlhabenheit daselbst, wie die grössere Zahl der Beschäftigten und Arbeiter abnehmen lässt, dass in den Vororten vorwiegend Leute mit geringen Mitteln sich ansiedeln.

Die zweite der vorstehenden Uebersichten lässt aber zugleich abnehmen, dass wohl in der Stadt wie in den Vororten der grösste Theil der Bevölkerung auf die gewerbliche und industrielle Bevölkerung entfällt, dies aber in den Vororten in weit entschiedenerer Weise als in der Stadt der Fall ist. Sie beträgt in der Stadt 77·66, in den Vororten 84·63 Percent der Gesammtbevölkerung, steht in den volksreichsten und wichtigsten eben so hoch, und in 9 derselben steigt der Antheil noch weit höher an. Denn es beträgt die gewerblich-industrielle Bevölkerung

in Währing	. . .	31.490	d. i. 78·47	Percent,
„ Penzing	. .	10.116	„ „ 78·31	„
„ Nussdorf	. . .	3.444	„ „ 80·51	„
„ Simmering	. . .	16.313	„ „ 83·21	„
„ Ottakring	. .	31.708	„ „ 84·75	„
„ Breitensee	. . .	2.783	„ „ 85·76	„
„ Hernals	.	51.980	„ 86·20	„
„ Fünfhaus	.	34.614	„ „ 86·60	„
„ Sechshaus	.	10.584	„ „ 90·85	„
„ Rudolfsheim	. .	27.380	„ „ 91·52	„
„ Neu-Lerchenfeld	.	23.528	„ „ 91·71	„
„ Unter-Meidling	.	29.217	„ „ 92·60	„
„ Gaudenzdorf	. .	11.655	„ „ 94·16	„

Dieses Gros der mit Gewerben, Industrie und Handel beschäftigten Bevölkerung setzt sich, wie gleichfalls die vorstehende Uebersicht zeigt, derart zusammen, dass in der Stadt ein Drittel, in den Vororten zwei Fünftel auf die im Berufe beschäftigten Hilfsarbeiter kommt, die Familienglieder aber gleichfalls in den Vororten um 2·14 Percent höher stehen. Auf 100 selbstständige Unternehmer kommen in der Stadt 343, in den Vororten 544 Arbeiter; es kommt dies nur zum Theile davon her, dass in den Vororten grossartige Etablissements mit Hunderten von Arbeitern bestehen, sondern hauptsächlich von dem Umstande, dass die Massen der Arbeiter, von der Hand in den Mund lebend, wegen der billigeren Preise der wichtigsten Lebensbedürfnisse ihre Wohnungen in den Vororten suchen, aber in der Stadt dem Erwerbe nachgehen, wie noch näher erwiesen werden wird.

Aber nicht die Hilfsarbeiter bei Handel, Gewerbe und Industrie allein werden aus solchen Gründen immer mehr in die Vororte gedrängt, sondern noch eine Menge anderer Bewohnerschichten, für welche thunlichstes Sparen gleichfalls eine unabweisliche Nothwendigkeit ist. So fand die Zählung beispielsweise

in Wien	. . .	6024	Beamte .	. . .	mit 9656 Familiengliedern und 3716 Dienstboten,
„ den Vororten	1676	„	. . .	„ 3349	„	„ 505	„
„ Wien	. . .	8563	Pensionisten .	. . .	„ 7135	„	„ 3373	„
„ den Vororten	2671	„	. . .	„ 2287	„	„ 494	„
„ Wien	. . .	5858	Personen des Lehrstandes	„ 4600	„	„ 1466	„
„ den Vororten	1154	„	„	„ 1229	„	„ 248	„
„ Wien	. .	4937	öffentl. Diener u. Wachorgane	„ 8537	„	„ 538	„
„ den Vororten	2067	„	„ „ „	„ 4813	„	„ 195	„

Hieraus berechnet sich einfach Folgendes: Es entfallen auf 100

Beamte . . . . . in Wien	158 Familienglieder und	62	Dienstboten,
„ . . . . „ den Vororten . .	200 „ „	30	„
Pensionisten . . . . . „ Wien	83 „ „	39	„
„ . . . „ den Vororten . .	86 „ „	18	„
Personen des Lehrstandes . „ Wien	79 „ „	24	„
„ „ „ . „ den Vororten . .	107 „ „	21	„
öffentl. Diener u. Wachorgane „ Wien	173 „ „	11	„
„ „ „ „ „ den Vororten . .	232 „ „	9	„

Also in den Vororten finden sich durchwegs Leute dieser Berufsklassen, welche grössere Familien haben und weniger Dienstboten halten. Das spricht doch klar. Eben weil dies Leute mit sehr geringem Einkommen sind, das durch die grösseren Familien noch knapper wird, suchen sie die Vororte auf, wo sie etwas billiger zu leben vermögen. Was daher eine Vertheuerung der wichtigsten und unentbehrlichsten Lebensbedürfnisse für diese Bewohnerschichten, wie für das Gros der Arbeiterbevölkerung für Folgen haben müsste, vermag Jeder abzunehmen, der überhaupt ungetrübte Augen besitzt.

Neben diesen Ergebnissen der jüngsten Volkszählung vom 31. December 1880 sind von den Gemeinde-Vorstehungen noch besondere Erhebungen ausgeführt worden, um die Verhältnisse der gewerblich-industriellen Bevölkerung vollständig klarzulegen und Material für die vorliegende Denkschrift zu gewinnen. Es wurde die Anzahl sämmtlicher in den 31 Vororten wirklich bestehenden und ausgeübten Industrie- und Gewerbsunternehmungen von Haus zu Haus und bei jeder derselben die Zahl der Hilfsarbeiter und Familienglieder erhoben. Die Ergebnisse dieser Aufnahmen nach Gemeinden sind in den am Schlusse angefügten Tafeln, in Vergleichung mit den Ergebnissen der Volkszählung enthalten. In dieser Art fanden sich an genau bestimmten Industrie-, Handels- und Gewerbsunternehmungen, also ohne jene, welche bei der Volkszählung als wechselnde Beschäftigungen bezeichnet wurden:

	Unternehmer	Hilfsarbeiter u. Lehrlinge	Familienglieder	Zusammen
bei der Volkszählung	22.564	97.867	110.021	230.452
„ „ Hausaufnahme	18.733	47.954	68.632	135.319
daher bei der Volkszählung mehr	3.831	49.913	41.389	95.133

Diese grössere Zahl stellt daher jene Unternehmer, Arbeiter und Familienglieder dar, welche zwar in den Vororten wohnen, aber nicht daselbst ihre Beschäftigung betreiben, sie betragen 17·00 Percent der Unternehmer, 51·00 Percent der Hilfsarbeiter, 37·62 Percent der Familienglieder, im Ganzen 41·28 Percent der Bevölkerung.

Bei näherer Betrachtung der in den Tabellen des Anhangs enthaltenen Zahlen ergiebt sich aber, dass dieser Ueberschuss von Unternehmern und Arbeitern, welche in den Vororten blos wohnen, aber ihre Beschäftigung anderwärts betreiben, mit dem grössten Theile auf 8 unmittelbar an die Stadt grenzende, volksreiche Vororte entfällt, während in den übrigen sich

Wohnhafte und Geschäftbetreibende um so näher stehen, je weiter die Gemeinde von der Stadt entlegen ist und die Volkszahl geringer wird. Denn es ergeben sich:

	Wohnhafte		Geschäftbetreibende	
	Unternehmer	Arbeiter	Unternehmer	Arbeiter
in Hernals	3993	21.557	2512	5497
„ Neu-Lerchenfeld	1559	8247	1601	3003
„ Ottakring	2148	11.618	1654	5432
„ Währing	2232	8.977	1634	2785
„ Fünfhaus	2582	12.383	2260	5974
„ Unter-Meidling	1827	7.983	1366	3327
„ Rudolfsheim	2360	8.526	2195	3648
„ Sechshaus	750	3.314	760	2041

Es überwiegen daher die Wohnhaften über die in diesen Gemeinden ihr Geschäft Ausübenden

	Unternehmer		Arbeiter	
	Zahl	in Percent	Zahl	in Percent
in Hernals	1481	37·09	16.060	74·50
„ Neu-Lerchenfeld	—	—	5.244	63·59
„ Ottakring	494	23·00	6.186	53·24
„ Währing	598	26·79	6.192	68·98
„ Fünfhaus	322	12·47	6.409	51·76
„ Unter-Meidling	461	25·23	4.656	58·32
„ Rudolfsheim	165	6·99	4.878	57·21
„ Sechshaus	—	—	1.273	38·41

Also in diesen 8 Vororten allein wohnen 3469 Industrie- und Gewerbsunternehmer und 50.898 Arbeiter mehr, als daselbst in Wirklichkeit ihre Beschäftigung ausüben; 19·88 Percent der Ersteren und 61·62 Percent der Letzteren gehen ausserhalb ihrer Wohnorte dem Erwerbe nach, wozu noch 36.643 von denselben erhaltene Angehörige kommen. Wo diese ihre Beschäftigung üben, lässt sich aus der Lage dieser Gemeinden abnehmen. Denn sie liegen sämmtlich unmittelbar an der Stadt und entsenden dahin jene Massen von Arbeitern, welche in diesen Vororten wohnen, aber nicht arbeiten, sondern bei den Unternehmungen in Wien den Tag über beschäftigt sind und ihren Erwerb haben, ihre Wohnung aber der minderen Kosten der Miethe und Lebensmittel halber in den Vororten aufsuchen. Wer immer Gelegenheit hat, die Caravanen zu beachten, welche zu bestimmten Tageszeiten die Linien ein- und auspassiren und die durchaus nicht blos aus Arbeitern, sondern auch aus Massen von Beamten und sonstigen Bediensteten aller Art bestehen, die in den Vororten wohnen, aber in der Stadt ihrer Beschäftigung nachgehen, wird darüber nicht in Zweifel sein, dass das Berufsleben aller Art, namentlich aber jenes der industriellen und gewerblichen Etablissements der Grossstadt in sehr namhaftem Grade durch Bewohner der Vororte mit den unentbehrlichen Arbeitskräften versehen werde.

Bis zu welchem Grade diese Beistellung von Arbeitskräften für die Geschäfte der Stadt durch Bewohner der Vororte stattfindet, mag die nachstehende Uebersicht einer Reihe von Industrien erweisen.

	Von den Arbeitern wohnen in den Vororten	wirken	Die Wohnenden überwiegen Zahl	Percent
Maurer . . .	4097	679	3418	83·43
Zimmermaler.	499	48	451	90·38
Schmiede	1195	458	737	61·67
Instrumentenmacher	714	63	651	91·18
Gürtler . . .	1280	177	1103	86·18
Goldarbeiter .	705	122	583	82·69
Viehhändler .	108	63	45	41·67
Bäcker .	2307	1366	941	40·79
Weber	2044	476	1568	76·71
Seidenzeugmacher .	821	46	775	94·40
Posamentierer .	714	42	672	94·43
Bandmacher	423	32	391	92·43
Weiss- und Kunstwäscher . .	4106	1287	2819	68·65
Pfaidler	3649	334	3315	90·85
Blumenmacher	867	147	720	83·04
Kleidermacher	5332	1794	3538	66·35
Schuhmacher	7961	3707	4254	53·43
Handschuhmacher	605	92	513	84·79
Hutmacher . .	975	317	658	67·48
Buchdrucker .	1048	92	956	91·22
Tischler .	6505	3086	3419	47·44
Buchbinder	1187	223	964	81·21
Drechsler .	5391	3439	1952	36·21
Fuhrleute .	3374	2242	1132	33·53
Kaufleute	2082	742	1340	64·36
Eisenbahnbedienstete	1803	795	1008	51·47

Völlig genau lässt sich die Masse der Arbeiter, welche die Vororte für den Betrieb der städtischen Fabriken, Etablissements und Geschäfte entsenden, nicht erweisen, da es noch immer an genauen Angaben über die Arbeiterzahl, welche in Wiener Unternehmungen beschäftigt werden, fehlt. Doch enthält der letzte Handelskammerbericht wenigstens für eine Reihe von Gewerbsunternehmungen solche Daten, welche an und für sich bezeichnend sind und auch einen Schluss auf die übrigen zulassen. Nach diesem Buche sind beschäftigt:

	Arbeiter	davon in den Vororten wohnende Zahl	Percent
bei den Gold- und Silberarbeitern .	1118	582	52·15
„ „ Seidenzeugfabriken . .	1306	775	59·34
„ „ Bandfabriken	661	391	59·15
„ „ Webewaarenfabriken . . .	1800	1568	87·11
„ „ Kleidermachern . . .	5260	3538	67·26
„ Handschuhmachern	533	513	96·25
„ „ Buchbindern .	1667	964	57·83
„ „ Tischlern . .	7400	3119	42·15
„ Hutmachern	1000	658	65·80

Aehnlich steht es bei einer grossen Anzahl anderer Industrien und Gewerbe, namentlich bei jenen, für welche im Vorausgehenden eine bedeutende Anzahl von Arbeitern nachgewiesen wurde, die in den Vororten, besonders in den an die Stadt grenzenden wohnen, aber nicht in diesen ihre Beschäftigung ausüben. Und es darf dabei nicht übersehen werden, dass alle diese Angaben nur so weit Daten erbringen, als solche nachweisbar sind. Die Zahlen über die in den Vororten lebenden 125.553 Arbeiter enthalten die männlichen und weiblichen Individuen, welche bei der Zählung die Angabe machten, in welcher bestimmten Weise sie ihr Brod durch industrielle oder gewerbliche Thätigkeit erwerben. Neben diesen existirt aber noch der durch keine Zählung auch nur annähernd zu bestimmende häusliche Erwerb, die kleine Hausindustrie, welche durch die Mithilfe der Frauen und Kinder an der Erzeugung oder Bearbeitung der verschiedenartigsten Artikel besteht und auf welche die Familien der Arbeiter desto mehr angewiesen sind, je grösser die Kopfzahl ihrer Angehörigen ist und je spärlicher daher der Erwerb des Familienoberhauptes zureicht. Die Zahl solcher mit Hand- und Hilfsarbeiten aller Art Beschäftigten und hierdurch Mitverdienenden ist eine sehr grosse, und es bleibt entschieden an der unteren Grenze, wenn angenommen wird, dass von den in den Vororten gezählten 143.014 Familienmitgliedern und 16.823 Dienstboten der gewerblich-industriellen Schichten mindestens die Hälfte an einem solchen Erwerbe betheiligt ist. Das Resultat ihrer Arbeit, das zumeist in Confectionen und Herstellungen von Kleinartikeln für grössere Unternehmungen besteht, kommt daher in nicht geringem Grade wieder der Stadt selbst zu Gute.

Denn es ist mit jenen Unternehmern und Arbeitern, welche in den Vororten wohnen, aber in der Stadt wirken, der unmittelbare Nutzen, welchen die Stadt von den Vororten zieht, nicht abgethan. Auch von den in den Vororten selbst bestehenden und betriebenen Gewerbs- und industriellen Unternehmungen arbeitet eine nicht geringe Zahl für die Bedürfnisse der Grossstadt oder darüber hinaus für den Export. Auch hierüber wurden von den Gemeinde-Vorstehungen Erhebungen veranlasst, und sie ergaben, dass von den in den Vororten bestehenden Unternehmungen 14.490 nur für den Localbedarf, 5957 für gleiche Geschäfte in der Stadt Wien und 759 für weiteren Export arbeiten. Die Zahl dieser in den Vororten nachgewiesenen Geschäfte beträgt zusammen 21.206, steht daher um 2473 höher als jene im Vorausgehenden aufgeführte der Unternehmungen, welche in den Vororten thatsächlich betrieben wurden. Dies kommt daher, dass eine Anzahl von Geschäftsbetrieben, welche entweder für den Localbedarf und für Wien, oder für Wien und den Export zugleich thätig sind, in beider Beziehung aufgeführt, daher doppelt gezählt wurden. Mit dieser Berücksichtigung, welche einer gewissen Berechtigung nicht entbehrt, finden sich daher unter den in den Vororten wirklich betriebenen industriellen oder Gewerbs-Unternehmungen 68·33 Percent, welche nur für den Localbedarf der Vororte arbeiten. Es sind dies die in Lebensmitteln und sonstigen allgemein benöthigten Kleinartikeln thätigen Geschäfte, welche ohne oder mit höchstens einer Hilfskraft betrieben werden. Jene Etablissements der Vororte dagegen, welche für den Wiener Platz oder den Export arbeiten, sind lauter grössere, fabriksmässig betriebene Unternehmungen, und diese betragen fast ein Drittel (31·67 Percent, bei den für Wien thätigen 28·09, bei den Exportgewerben 3·58 Percent) aller in den Vororten bestehenden industriellen und gewerblichen Betriebe, woraus sich schliessen lässt, dass der grösste Theil der in den Vororten wohnenden und thätigen Arbeiter ebenfalls für Bedürfnisse und Handelsinteressen der Grossstadt thätig ist.

Bei gewissen Etablissements, welche ihrer Natur nach für den grossen Markt arbeiten, ist dies selbstverständlich; so arbeiten von den in den Vororten bestehenden

				Arbeitern,		für Wien,		für den Export,
5	Wagenfabriken	mit	1662		4		2	
10	Waffenfabriken	„	103	„	8	„	1	„ „ „
83	Maschinenfabriken	„	1836	„	48	„	26	„ „ „
32	Optikern u. Mechanikern	„	177	„	14	„	18	„ „ „
53	Instrumentenerzeugern	„	63	„	41	„	2	„ „ „
69	Uhrmachern	„	87	„	56	„	28	„ „ „
153	Erzeugern imit. Metallwaaren	„	1323	„	89	„	23	„ „ „
155	chemischen Fabriken	„	1283	„	55	„	50	„ „ „
25	Weinhandlungen	„	117	„	18	„	19	„ „ „
9	Bierbrauereien	„	953	„	9	„	4	„ „ „
238	Webereien	„	476	„	194	„	22	„ „ „
284	Weiss- u. Kunstwäschern	„	1287	„	221	„	—	„ „ „
1023	Kleidermachern	„	1794	„	506	„	33	„ „ „
2008	Schuhmachern	„	3707	„	1027	„	70	„ „ „
45	Handschuhmachern	„	92	„	25	„	2	„ „ „
923	Tischlern	„	3086	„	495	„	53	„ „ „
117	Knopfmachern	„	706	„	86	„	29	„ „ „
745	Drechslern	„	3439	„	486	„	159	„ „ „
114	Gerbern und Lederern	„	1173	„	52	„	30	„ „ „
525	Fuhrleuten	„	2242	„	272	„	1	„ „ „

Die Inhaber dieser 6616 in den Vororten bestehenden Unternehmungen, von welchen 3706 ausschliesslich oder vorzugsweise nur für Wien und 472 auch für den Export arbeiten, haben einen Familienstand von 24.226 Personen zu ernähren, jener der Arbeiter ist nicht bekannt, da die Aufnahme der Familienglieder sich nur auf jene der Geschäftsinhaber, nicht auch auf die Arbeiter bezog. Die Zahl der Letzteren in diesen Unternehmungen beträgt 25.606, es muss also deren Familienstand mindestens eben so hoch angeschlagen werden, und so ergeben sich in den Vororten über 50.000 Personen, welche dort leben und wirken, deren Arbeitsresultat aber fast völlig der Stadt oder dem Handel weiterer Kreise zu Gute kommt. Aber auch von den übrigen in den Vororten etablirten 12.117 Geschäften ist ein guter Theil in gleicher Weise für die Bedürfnisse der Stadt thätig, und bei denselben der weitaus grösste Theil der auf dieselben kommenden 22.348 Arbeiter; sicher wenigstens ein guter Theil jener Unternehmungen und ihrer Arbeiter, welche industrielle und gewerbliche Betriebe mit grösseren fabriksmässig eingerichteten Etablissements bilden. Unter den 117 erhobenen verschiedenartigen Gewerbsunternehmungen kommen überhaupt nur 7 in einer Anzahl von 2708, d. i. 14·06 Percent der bestehenden 18.733 Geschäfte vor, welche ausschliesslich nur für den Localbedarf der Vororte betrieben werden. Es sind darunter 1188 Fragner und Greisler, 1136 Wirthe und Kostgeber, 215 Kaffeesieder und Kaffeeschänker, 219 Tabakverschleisser, 12 Wildprethändler, 6 Zwirnhändler und 4 Buchhändler.

Höchst erwünscht erscheint noch rechtzeitig während der Drucklegung dieser Denkschrift der statistische Bericht der Wiener Handels- und Gewerbekammer für das Jahr 1880. Dieses ungemein ausführliche und genau bearbeitete Werk giebt eine höchst eingehende Darstellung der Grossbetriebe, d. i. solcher Unternehmungen, welche 42 fl. (40 fl. Conv.-Münze) und darüber Erwerbsteuer bezahlen, u. zw. getrennt für die Stadt Wien und deren Umgebung. Als letztere nimmt die Handelskammer den Bereich des Wiener Genossenschafts-Bezirkes an, welcher ausser den im Vorausgehenden behandelten Vororten noch die Gemeinde Floridsdorf und einige kleine Orte des Gerichtsbezirks Hietzing, zusammen mit 375.233 Bewohnern, also fast genau den Rayon nach Grösse und Bewohnerzahl umfasst, wie er durch die 31 Vororte gebildet wird. Von den 177 Betriebsarten, welche der Bericht in Nieder-Oesterreich specificirt, kommen in Wien und den Vororten 153 vor, welche in der Stadt von 1515 Etablissements und 59.018 Arbeitern, der Umgebung von 214 Etablissements und 10 926 Arbeitern betrieben werden. Schon aus dieser Gesammtzahl zeigt sich, dass diese Grossbetriebe in der Stadt wohl zahlreicher, in den Vororten aber weit ausgedehnter sind. Denn auf 1 Grossbetrieb kommen in der Stadt 39, in den Vororten 51 Arbeiter. Und da der gesammte Productionswerth dieser Etablissements in der Stadt mit 136,438.824 fl., in den Vororten mit 38,503.330 fl angegeben wird, so entfällt durchschnittlich an Productionswerth

	auf 1 Unternehmung	auf 1 Arbeiter
in der Stadt	90.058 fl.	2312 fl.
in den Vororten	179.922 „	3524 „

Der Productionswerth einer Unternehmung stellt sich also in den Vororten doppelt so hoch als in der Stadt, d. h. eine Einzelunternehmung des Grossbetriebes kann durchschnittlich in den Vororten mit dem zweifachen Erzeugungswerthe, also auch mit dem zweifachen Umfange und Geschäftsbetriebe eines gleichen Etablissements der Stadt angenommen werden.

Bezüglich der einzelnen Arten der Unternehmungen muss auf den Bericht selbst verwiesen werden, doch fügen wir die Zusammenfassung zu 12 grösseren Gruppen hier ein, weil sie einen höchst interessanten Einblick in die Vertheilung und Leistungsfähigkeit der Grossbetriebe in Wien und den Vororten gewährt.

52

Gruppen der Grossbetriebe	Wien				Umgebung			
	Zahl	Arbeiter	Productionswerth im Ganzen	Productionswerth auf eine Unternehmung / auf einen Arbeiter	Zahl	Arbeiter	Productionswerth im ganzen	Productionswerth auf eine Unternehmung / auf einen Arbeiter
1. Erzeugung von Metallen und Metallwaaren	164	6.251	12,445.410	75.886 / 1.991	14	1.151	5,725.500	408.821 / 4.972
2. Erzeugung von Maschinen, Werkzeugen, Instrumenten, Transportmitteln	108	5.978	10,124.540	93.746 / 1.693	15	2.786	3,603.400	240.227 / 1.294
3. Industrie in Steinen, Erden, Thon und Glas	12	320	314.500	26.208 / 828	10	524	429.250	42.925 / 819
4. Industrie in Holz, Bein, Kautschuk, Guttapercha	78	2.597	5,023.950	64.410 / 1.935	6	351	601.500	100.250 / 1.714
5. Industrie in Leder, Häuten, Fellen, Borsten, Haaren, Federn	38	942	3,002.175	79.005 / 3.187	17	732	4,834.000	284.353 / 6.604
6. Textil-Industrie und Tapezierergewerbe	150	3.586	8,323.250	55.488 / 1.490	16	1.640	2,037.520	127.333 / 1.242
7. Bekleidungs- u. Putzwaaren-Industrie	235	11.953	18,838.600	80.164 / 1.576	8	397	519.000	64.875 / 1.307
8. Papier-Industrie	30	1.610	2,335.600	77.853 / 1.450	3	68	95.000	31.666 / 1.397
9. Industrie in Nahrungs- und Genussmitteln	415	4.411	43,850.874	105.686 / 9.943	79	1.442	14,481.700	183.312 / 10.042
10. Chemische Industrie	57	2.121	10,497.875	283.726 / 4.949	22	770	5,415.050	246.139 / 7.032
11. Baugewerbe	148	11.847	11,153.760	75.363 / 941	25	1.065	763.600	33.290 / 717
12. Polygraphische und Kunstgewerbe	100	5.342	10,519.300	104.151 / 1.969	1	—	—	— / —
Totale	1.515	59.018	136,438.824	90.058 / 2.312	214	10.926	38,503.320	170.922 / 3.524

Was sich bezüglich der Grossbetriebe im Ganzen ergeben hat, wiederholt sich auch bei der Mehrzahl und gerade bei den wichtigsten Betriebsgruppen. Bei den ersten 6 Gruppen stellt sich der Productionswerth einer einzelnen Unternehmung in den Vororten zwei- bis fünfmal so hoch als in der Stadt, bei den weiteren steht die Umgebung wenig zurück und wenn bei den beiden letzten Gruppen (Baugewerbe und Kunstgewerbe) der durchschnittliche Productionswerth der Stadt weit höher ansteigt, wie es in der Natur der Grossstadt liegt, so darf nicht unbeachtet bleiben, wie im Vorausgehenden dargethan wurde, dass die in diesen Berufsarten Thätigen und für die Production der Stadt Arbeitenden sich grösstentheils aus den Bewohnern der Vororte recrutiren, so allein 3418 Maurer, 956 Buchdrucker u. s. w.

In die Vororte siedelten sich vorzüglich jene Arten der Grossbetriebe mehr und mehr an, welchen durch den Umfang der benöthigten Räumlichkeiten in der Stadt der Boden zu theuer wird und die daher nur noch ausser der Linie mit ihren Massen von Arbeitern bestehen können. Denn auf ein Etablissement des Grossbetriebs kommen durchschnittlich Arbeiter

	in Wien	in den Vororten
bei der Metall- und Metallwaaren-Erzeugung	38	83
„ „ Erzeugung v. Maschinen, Werkzeugen etc.	55	186
„ „ Industrie in Steinen, Erden, Thon etc.	32	52
„ „ „ „ Holz, Bein etc.	33	58
„ „ „ Leder, Häuten etc.	25	43
„ „ Textil-Industrie	37	103
„ „ Industrie von Nahrungs- u. Genussmitteln	12	18

Bei all' diesen schwunghaft betriebenen Industriezweigen wird aber neben der Raumfrage auch die Preisfrage, besonders bezüglich des Brennstoffes und Lohnes zur Ursache, dass sie in den Vororten so sehr gedeihen. Werden die grossen Etablissements der Vororte dieser Vortheile durch Einbeziehung in den Verzehrungssteuer-Rayon verlustig, so werden die meisten derselben weiter entlegene, billigere Stätten aufsuchen. Was dadurch der erweiterten Stadt an Einnahmsquellen entgeht, lassen die obigen Zahlen der Productionswerthe abnehmen, welche ja die Basis für das Einkommen von Staat und Gemeinde, sowie des wirthschaftlichen Gedeihens der Bewohnerschaft abgeben.

Verhältnisse des X. Stadtbezirks.

Bezeichnend in den Vorlagen an die Verzehrungssteuer-Commission ist auch, dass die ganz speciellen Verhältnisse des X. Stadtbezirkes Favoriten, der bis jetzt ausser dem städtischen Rayon der Verzehrungssteuer-Linie liegt und seinen Beitrag zu dieser Steuer im Wege der Pauschalirung mit 44.500 Gulden leistet, nicht im Mindesten berücksichtigt, sondern dieselben nach dem berühmten Grundsatze: „mitgefangen, mitgehangen" zugleich mit den Vororten abgefertigt werden. Schon vor 17 Jahren, im Referate vom 17. Mai 1866, ist der Magistrat mit dem Antrage einer besonderen Umlage auf den Miethzinsgulden des X. Bezirkes hervorgetreten, wogegen sich aber damals der Gemeinderath in der Sitzung vom 7. August „in Rücksicht auf die hierdurch hervorgerufene, unverhältnissmässige Belastung der ausser den Linien wohnenden Bevölkerung" entschieden aussprach. Dr. Grübl sprach noch in seinem am 6. April d. J. gehaltenen Vortrage für eine Berücksichtigung der speciellen Verhältnisse des X. Bezirkes, in seinem Referate aber ist er davon abgekommen, und von den Vertretern des Bezirks ist bisher nur Einer für die Lebensinteressen dieses Bezirkes, welche durch die Einbeziehung zum Verzehrungssteuer-Rayon in gleicher Weise bedroht werden, wie jene der Vororte, mannhaft eingestanden. Der Gemeinderath C. Reisinger hat in einer besonderen an den Gemeinderath von Wien gerichteten Eingabe diese Verhältnisse und den Niedergang des Bezirkes, welche eine solche Massregel nach sich ziehen müsste, eingehend erörtert, und sagt darin unter Anderm:

„Hier lebt der Arbeiter billiger und erzeugt auch der Fabrikant und Gewerbetreibende überhaupt seine Artikel billiger als in der geschlossenen Stadt. Wenn Wien in industrieller Beziehung concurrenzfähig bleiben will, so bedarf es der Vororte und des X. Bezirkes hierzu in seiner heutigen Gestaltung, als zum Theile steuerfreie Zone. Auch der kleine Beamte ist angewiesen, die billigere Zone aufzusuchen, um mit seinem Gehalte auszukommen."

„Welche Folgen müsste nun die Einbeziehung für den Bezirk haben? Diejenigen Fabriken, deren Rohstoffe, sowie diejenigen Transitogeschäfte, deren Waaren einer Verzehrungssteuer unterliegen, wären gezwungen, unsern Bezirk zu verlassen und sich ausser dem neuen Rayon anzusiedeln, die dabei beschäftigten Arbeiter ziehen nach. Ja selbst die Arbeiter derjenigen Fabriken und Geschäfte, die nicht gezwungen sind, den Bezirk zu verlassen, würden ausser den Rayon ziehen, um dort billiger leben zu können, die Geschäfte würden dadurch flauer, viele Geschäftsleute müssten ebenfalls in die neuen Vororte übersiedeln, dadurch erhielten wir leere Wohnungen, Gewölbe und auch Fabrikslocale, die Häuser und Landgründe würden entwerthet. Von was sollte dann der Hauseigenthümer seinen Verpflichtungen nachkommen? Die Verminderung der Steuerkraft wäre hievon die nächste Folge."

Was der wackere Vertreter hier ausspricht, kann aus dem zu Gebote stehenden Material auch ziffermässig bewiesen werden, ja es stellt sich heraus, dass jener Gegensatz von grösserer und minderer Wohlhabenheit, welcher sich zwischen der Stadt und den Vororten ergeben hat, in noch weit grellerem Masse zwischen dem X. und den übrigen Stadtbezirken zu finden ist. Der X. Bezirk Wiens ist geradezu ein Zufluchtsort zahlreicher Familien geworden, welche mit keinem anderen Reichthum als dem an Kindern versehen, in anderen Stadttheilen bei deren erheblich höheren Wohnungs- und Lebensmittelpreisen nicht zu existiren vermögen und im wohlfeileren X. Bezirke dicht gedrängt sich aufhalten. Denn derselbe umfasst in 9528 Zimmern und 4262 Kammern, zusammen in 13.790 Wohnräumen 45.744 Bewohner, die übrigen 9 Bezirke in 225.276 Zimmern und 111.239 Kammern, zusammen in 336.515 Wohnräumen 659.658 Bewohner; auf 1 Wohnraum kommen daher im X. Bezirke 3·3, in den übrigen Bezirken 2·0 Bewohner. Dabei muss aber eine Art der Wohnungen hervorgehoben werden, welche für die Armuth der Bewohner besonders charakteristisch wird. Es finden sich im X. Bezirke 1223 Wohnungen mit 3937 Bewohnern, in den übrigen Bezirken 6720 Wohnungen mit 20.651 Bewohnern, welche jede nur aus einer einzige Pièce bestehen, wo also alle an der Wohnung Theilnehmenden in einem Raume zusammengedrängt sind. Diese ärmlichste Gattung der Wohnungen beträgt daher im I.—IX. Bezirke 2·0, im X. 9·0 Percent aller Wohnungen; von der Bevölkerung wohnen auf solche Art im I.—IX. Bezirke 3·13 im X. Bezirke 8.61 Percent, d. i. der 12. Theil der Bevölkerung. Weiters beträgt die Zahl der Verheirateten im X. Bezirke 16.193, in den übrigen Bezirken 154.035, also im ersteren 35·4, in den letzteren 23·3 Percent; in dem X. Bezirke werden daher um 12·1 Percent mehr Verheirathete gefunden als in den übrigen Stadttheilen. Und die Zahl der Kinder stellt sich im X. Bezirke auf 6988 bis mit 5 und auf 4702 über 5 bis mit 10 Jahren, in den übrigen Bezirken auf 60.997 bis mit 5 und auf 50.090 über 5 bis mit 10 Jahren. Die Kinder betragen daher in X. Bezirke 25.55, in den übrigen 14·62 Percent der Bevölkerung, im ersteren um 10·93 Percent mehr.

Nach der Art der Antheilnahme an den Wohnungen ergeben sich

	I.—IX. Bezirk		X. Bezirk	
	Zahl	Percent	Zahl	Percent
Familienmitglieder	433.259	65·68	32.422	70·92
Aftermiether . .	106.367	16·12	10·217	22·33
Hausdienerschaft .	60.101	9·11	1.101	2·41
andere Personen .	59.931	9·09	1.984	4·34

Es finden sich daher in X. Bezirke die Familienglieder um 5, die Aftermiether um 6 Percent stärker vertreten als in den übrigen Stadttheilen; dagegen kommen um 6·7 Percent weniger Dienstboten vor. Und wenn die Stellung innerhalb der Berufsart ins Auge gefasst wird, so ergeben sich für die Bevölkerung im Ganzen

	I.—IX. Bezirk		X. Bezirk	
	Zahl	Percent	Zahl	Percent
selbstständige Personen	102.067	15·47	3.204	7·00
im Beruf Beschäftigte .	176 680	26·78	15.560	34·01
Familienangehörige .	291.914	44·26	23.990	52·43
Diener	88 997	13·49	2.990	6·56

und speciell bei der industriell-gewerblichen Bevölkerung

selbstständige Personen	52.176	10·30	2.079	5·04
im Beruf Beschäftigte .	170.730	33·72	15.427	37·10
Familienangehörige . .	220.840	43·62	21.386	51.43
Diener	62.471	12·36	2.687	6.43

Die Gesammtzahl aller mit Handel, Gewerben und Industrie beschäftigten Personen und deren Angehörigen beträgt sonach im I.—IX. Bezirke 506.217, im X. Bezirke 41.579 Personen, also in den ersteren 76·73, im letzteren 90·89 Percent der Gesammtzahl, ein Antheil, welcher, wie gezeigt wurde, nur in 5 der grössten, unmittelbar an der Stadt gelegenen Vororten gleich hoch ansteigt. Die im Berufe Thätigen dieser Personen theilen sich aber im I.—IX. Bezirke in 23·41 Percent selbstständige Unternehmer und 76·59 Percent Hilfsarbeiter, im X. Bezirke in 11·88 Percent selbstständige Unternehmer und 88·12 Percent Hilfsarbeiter. Um 11·53 Percent überwiegen daher die Unternehmer in den ersten 9 Stadtbezirken, um ebensoviel die Hilfsarbeiter im X. Bezirke.

Fasst man, wie bei den Vororten geschehen ist, die übrigen beiden Hauptgruppen der Bevölkerung ins Auge, so ergeben sich für die von Besitz und Rente lebenden Personen im I.—IX. Bezirke 60.906 oder 9·23 Percent in X. Bezirke 1023 oder 2·23 Percent, und für sonstige Berufszweige, bei welchen namentlich die mit höherer Vorbildung Ausgestatteten begriffen sind, wie Beamte, Lehrer, Aerzte u. dgl., im I. bis IX. Bezirke 92.535 oder 14·04 Percent, im X. Bezirke 3142 oder 6·88 Percent. Je günstiger also die einzelnen Bewohnerschichten bezüglich ihrer Besitz- und Erwerbsverhältnisse gestellt sind, desto weniger kommen sie im X. Bezirke in Vergleichung zu den übrigen Stadtbezirken vor. Die von Besitz und Rente lebenden Personen betragen im X. Stadtbezirke nicht einmal ein Viertel, die Personen mit höherer Berufsbildung weniger als die Hälfte jenes Antheiles der Bevölkerung, den sie in den übrigen, wohlhabenderen Stadttheilen ausmachen. Dagegen ergeben sich für die allerärmste Bevölkerungsclasse, die Taglöhner mit wechselnder Beschäftigung, folgende Zahlen:

im I. bis IX. Bezirke 10.470 mit 6235 Angehörigen,
„ X. Bezirke 2.703 „ 2372 „

Diese völlig mittellosen, ganz und gar von der Hand in den Mund lebenden Menschen machen daher in den wohlhabenderen Stadttheilen 2·53, in Favoriten aber 11·10 Percent der Gesammtbevölkerung aus, also das Fünffache jener Quote oder mehr als ein Zehntel aller Bewohner des X. Bezirkes. Solche Zahlen sprechen doch klar. Diese von ungewissem, ärmlichstem Erwerbe lebenden Leute haben sich im X. Bezirke niedergelassen, weil sie dort allein noch nothdürftig zu existiren vermögen. Eine empfindliche Vertheuerung der unentbehrlichsten Lebensbedürfnisse müsste sie, wie den grössten Theil der gewerblich-industriellen Arbeiter und ihren Angehörigen, im X. Bezirke über 35.000 an der Zahl, d. i. vier Fünftel von der jetzigen Bevölkerung, wieder zum Fortzuge zwingen.

Auch was Gemeinderath Reisinger von den kleinen Beamten und sonstigen wenig bemittelten Angehörigen des Mittelstandes im X. Bezirke sagt, lässt sich erweisen. Von den 25.382 Beamten, Pensionisten, Lehrern, activen öffentlichen Dienern und Wachorganen der Stadt Wien wohnen 24.713 im I. bis IX., 669 im X. Bezirke. Die ersteren haben 28.872 Familienglieder und 8985 Dienstboten, die letzteren 1056 Familienglieder und 108 Dienstboten. Während also in den wohlhabenderen Stadttheilen auf 100 Einwohner dieser Berufsclassen 117 Familienglieder und 32 Dienstboten entfallen, ist dies in Favoriten mit 160 Familiengliedern und 16 Dienstboten der Fall. Bei ungleich stärkerer Anzahl der zu ernährenden Angehörigen vermögen somit die im X. Bezirke wohnenden Beamten, Lehrer und ähnliche von fixem Einkommen Lebenden nur halb so viel Dienstboten zu halten, als in den übrigen Stadtbezirken. Es wiederholt sich hier wieder, und zwar zum Theil noch greller, die bei den Vororten gemachte Wahrnehmung, dass die Schichten des Mittelstandes in dem Masse mehr den X. Stadtbezirk aufsuchen, als ihr Familienstand grösser und hierdurch die Erhaltung desselben bei deren in der grossen Mehrzahl sehr beschränkten Einkommen schwieriger wird.

Wie stellt sich diesen volkswirthschaftlichen Zuständen gegenüber nun die materielle Seite der Frage? Die Bewohnerschaft des X. Bezirkes entrichtet bisher ein Abfindungspauschale der Verzehrungssteuer von 44.500 fl., es entfallen daher auf den Kopf der Bevölkerung 97·3 kr. Nach den erwähnten Annahmen würde nunmehr der Bezirk an Verzehrungssteuer zu tragen haben:

bei einer Quote von rund 6 fl. — kr. per Kopf im Ganzen 273.064 fl.,
„   „   „   „   6 „ 55·3 „   „   „   „   „   299.760 „
„   „   „   „   7 „ 36·2 „   „   „   „   „   336.767 „
„   „   „   „   8 „ 84·7 „   „   „   „   „   406.457 „

Also demselben Bezirke, für welchen im Jahre 1866 die Feststellung einer Umlage auf den Miethzinsgulden, die sich auch im günstigsten Falle im Betrage sehr weniger Kreuzer hätte halten müssen, vom Gemeinderathe abgelehnt wurde, weil der daselbst wohnenden Bevölkerung eine unverhältnissmässige Belastung entstanden wäre, wird nunmehr ohneweiters eine Erhöhung der Verzehrungssteuerabgabe allein von 513·6, 573·6, 656·8 oder gar 813·3 Percent zugemuthet, ohne irgendwie sich darüber zu fragen, woher die Mittel zu solcher Leistung zu nehmen sein werden. Dass der Bezirk sie aus Eigenem aufbringen könne, meinen wohl die Antragsteller selbst kaum. Da bleibt dann nur übrig, dass entweder der Mehrbetrag des X. Bezirkes nach der Solidarverwaltung der Grosscommune auf die übrigen 9 Bezirke übergewälzt wird, oder er muss nach dem Projecte gleicher Quoten auf den ganzen ins Auge gefassten neuen Steuerrayon umgelegt werden. Im ersten Falle würde der Stadtgemeinde selbst ein schlechter Dienst geschehen, weil von der Entlastung, welche durch die Einbeziehung der Vororte in den Verzehrungssteuer-Rayon angestrebt wird, ein guter Theil durch die Mehrleistung für den X. Bezirk wieder absorbirt würde; im anderen Falle aber wird den Vororten eine weitere, wenngleich im Durchschnittsbetrage geringfügige Mehrleistung aufgehalst. Darauf käme es freilich nicht mehr an, denn schon mit dem, was ihnen die Vorlagen Dr. Grübl's und Magistratsrath Wenzel's zumuthen, müssten sie geliefert sein, und die Beisteuer zum Erfordernisse des X. Bezirkes wäre nur ein Steinchen auf ihren Grabhügel mehr. Wohl aber haben die Männer, deren Aufgabe es ist, die Interessen dieses Bezirkes zu wahren, alle Ursache, sich entschieden an die Seite der Vororte zu stellen. Je mannhafter sie dies thun, desto mehr wahren sie das Wohl der Insassen des Stadttheils, dessen Interessen sie in erster Reihe zu vertreten berufen sind.

Folgen der Einbeziehung in wirthschaftlicher Beziehung für die Vororte und die Stadt selbst.

Recapituliren wir kurz, so ergeben sich in den Vororten 3831 industrielle und Gewerbsunternehmer mit 49.913 Arbeitern und 41.389 Familiengliedern, welche in den Vororten wohnen, aber in der Stadt ihre Beschäftigung ausüben, und weiters mindestens 7000 Unternehmer mit circa 30.000 Arbeitern und 50.000 Angehörigen, welche wohl in den Vororten thätig sind, aber nur für die Bedürfnisse der Stadt arbeiten, also zusammen rund 10.000 Unternehmer, 80.000 Arbeiter und 90.000 Familienglieder, d. i. 43·30 Percent der industriellen und gewerblichen Unternehmer, 63·72 Percent der von denselben beschäftigten Arbeiter und 56·37 Percent der Familienglieder, welche bei der Volkszählung in den 31 Vororten als wohnhaft nachgewiesen wurden, aber ausschliesslich oder vorwiegend für den Handel und Wandel der Stadt Wien thätig sind.

Ein sehr erheblicher Theil dieser Unternehmungen und der darin beschäftigten Arbeiter entfällt auf das in den Vororten zumeist durch Wiener Firmen schwunghaft betriebene Transito-Geschäft, für welches zahlreiche, ausgedehnte Etablissements vor den Linien bestehen, weil sie dort den Frachtbahnhöfen naheliegen und der mächtige Waarenumsatz, der sich in ihnen vollzieht, von dem Erlage und Wiederersatz der Verzehrungssteuer befreit ist. Was soll aus diesen Etablissements, deren investirtes Capital für den politischen Bezirk Sechshaus allein nach einer schon weit zurückliegenden Schätzung auf weit über 100 Millionen Gulden beziffert wurde, geschehen, wenn sie zum Verzehrungssteuer-Rayon einbezogen werden? Die Errichtung von Freilagern und Entrepôts, wie Dr. Grübl sie in Vorschlag bringt, würde die bisherige Freizügigkeit der Waare, auf welcher das Erblühen des Wiener Handels und damit das gleiche der Grossstadt beruht, nicht ersetzen. Denn die unvermeidliche Controle der ein- und ausgehenden Waaren könnte nicht ohne die mannigfachsten Behelligungen der Unternehmer geschehen, welche jeden nicht unbedingt erforderlichen Einblick in ihre Geschäftsgebarung mit gutem Grund hintanzuhalten bestrebt sind. Ein Hinausrücken der Verzehrungssteuer-Linie müsste daher den grössten Theil solcher Transito-Geschäfte zum Weiterzuge über die neuen Steuergrenzen bringen, die natürliche Folge aber wäre der Abzug von Massen der in diesen Etablissements beschäftigten Arbeiter.

Und dabei darf nicht übersehen werden, dass durch diese für die Bedürfnisse Wiens arbeitenden Bevölkerungsschichten wieder ein sehr grosser Theil jener Gewerbe ihren Unterhalt findet, welche bei der Erhebung als nur für den Localbedarf der Vororte wirkend zur Verzeichnung kamen, wie namentlich die Gewerbe in Nahrungsmitteln, Bekleidung u. dgl. Wird durch eine unselige Massregel das Wirken jener für die Bedürfnisse Wiens thätigen Bewohnerschichten in den Vororten ernstlich geschädigt, so wird dadurch zugleich jenen vielen anderen Geschäftsleuten in den Vororten der Erwerb entzogen, den sie aus den Bedürfnissen und dem Verbrauche der ersteren haben.

Da also nachgewiesen wurde, in welch' bedeutendem Grade das wirthschaftliche Gedeihen der Grossstadt Wien von den Arbeitskräften und Arbeitsresultaten abhängig ist, welche durch die Vorortebevölkerung geboten werden, so drängt sich — von den Vororten zunächst ganz abgesehen — die Frage auf, welche Folgen eine Hinausrückung des Verzehrungssteuer-Rayons, wie die Anträge der Magistrats- und Gemeinderaths-Referenten sie haben wollen, für die Stadt selbst mit sich bringen müsste. Alle Stimmen, welche bisher in der Sache verlautet haben, sind in der Ansicht einig, dass eine solche Einbeziehung der Vororte in den Wiener Verzehrungssteuer-Rayon eine Vertheuerung aller allgemein unentbehrlichen Lebensbedürfnisse nach sich ziehen würde, welche sich im Einzelnen wohl verschieden abstufen, aber im Ganzen entschieden nicht unter 10 Percent der jetzigen Preise verbleiben würde, weil ein solcher Unterschied schon jetzt zwischen den Preisen der Stadt und der Vororte besteht, er sich daher auch bei den erhöhten Preisen bemerklich machen würde, ja mit durchschnittlich 10 Percent eher zu gering als zu hoch anzuschlagen wäre. Diese zu bestreiten, müssten auch die Wohnungszinse, deren geringere Höhe in den Vororten bisher so hohe Anziehungskraft auf die weniger bemittelten Bewohnerschichten übte, eine gleiche Erhöhung erfahren, weil die Hausbesitzer erklärlicher Weise die ihnen erstehenden grösseren Lasten auf die Miether überwälzen werden. Lässt sich aber ein solches Steigen der Miethzinse denken, wenn bei Hinausrückung der Verzehrungssteuer-Linie eine Anzahl grosser Etablissements und mit ihnen die Arbeiter und kleinen Leute fortwandern, also die Geschäftslocale leer stehen, die Wohnungen weniger gesucht, die Preise derselben herabgedrückt, Grund und Boden wie die Wohngebäude entwerthet werden müssten?

In welcher Weise sollen jene Massen von Arbeitern, die in den Vororten wohnen und theils dort, theils in den Etablissements der Stadt thätig sind, eine Erhöhung ihrer Lebensbedürfnisse um mindestens 10 Percent bestreiten? Doch nur bei einem in gleichem Ausmass erhöhten Lohn, den ihre Brotherren gewähren müssten. Dass aber der grösste Theil der in Wien bestehenden Industrie- und Gewerbsunternehmungen eine solche Erhöhung der Löhne nicht zu leisten vermöchte, ist bekannt, weil sie eben nur bestehen, indem sie ihren in den Vororten billiger lebenden Arbeitern auch geringere Löhne zahlen. Eine empfindliche Vertheuerung der Lebensbedürfnisse in den Vororten müsste daher einem grossen Theil der Unternehmungen in der Stadt selbst geradezu den Boden unter den Füssen entziehen, deren Fortbestand untergraben und unmöglich machen. Noch schwerer aber würden jene Unternehmungen betroffen, welche in den Vororten bestehen, aber für die Stadt arbeiten. Denn zur Vertheuerung der Lebensbedürfnisse und Wohnmiethe würde bei Einbeziehung der Vororte in den Verzehrungssteuer-Rayon auch eine empfindliche Vertheuerung mancher zum Geschäftsbetriebe nöthigen Roh- und Hilfsstoffe treten, welche der bestehende Verzehrungssteuertarif gleichfalls mit einer Abgabe belegt, wie Brennholz, Holz- und Steinkohle, Oele aller Art, Talg, Seife u. dgl. Der Erzeuger in den Vororten müsste daher den durch Lohn- und Rohmaterial gesteigerten Gestehungskosten seiner Waaren in höheren Preisen derselben für den Abnehmer in der Stadt compensiren, die dieser wieder kaum zu bezahlen vermöchte, so dass solcherart mit der Existenz der Geschäftsunternehmungen in den Vororten zugleich jene der Abnehmer und Verkäufer in der Stadt Wien in Frage gestellt würde.

Mit gutem Grunde haben daher alle bisher gemachten Vorstellungen, die an den Stufen des Thrones und bei der Regierung eingebrachten Darlegungen, die Denkschriften einzelner Corporationen, wie des industriellen Clubs und der Weingrosshändler, so wie das Memoire des Vertreters des X. Stadtbezirks auf die unheilvollen Folgen hingewiesen, welche eine Hinausrückung des Verzehrungssteuer-Rayons für die Existenzbedingungen der Vororte, durch Untergrabung dieser aber auch für die Stadt selbst haben müsste.

Nur durch die glücklichen Wechselbeziehungen zwischen Wien und seinen Vororten ist die Stadt selbst zu dem geworden, was sie ist. Das mächtig erblühte Wien nimmt als Industrie- und Handelscentrum eine hervorragende Stelle ein, hat diese aber zum grossen Theile der physischen und materiellen Mithilfe zu verdanken, welche ihr durch die Thätigkeit der Vororte zu Theil wurde. Denn ein grosser Industrieort braucht billigen Boden für seine Werksanlagen, billiges Arbeitsmaterial, billige Arbeitskraft. Diese waren in der Stadt, soweit sie vom Verzehrungssteuerwalle umschlossen wurde, nicht zu haben und die weltberühmte Wiener Industrie wäre daher nie zu ihrer Grösse herangewachsen, wenn nicht das, was in der Stadt selbst mangelte, in der unmittelbaren Umgebung bereit gewesen wäre. Die Vororte boten Raum für grosse Industrie- und Handelsunternehmungen jeder Art, wie durch die wesentlich wohlfeileren Lebensbedingungen Ansiedlungsplätze für eine zahlreiche Arbeiterbevölkerung und sonstige Bewohnerschichten mit bescheidenen Existenzmitteln. Daher wuchsen die Vororte im Verlaufe der letzten Jahrzehnte rasch zu volksreichen, blühenden Gemeinwesen an, wo für die Etablissements der Wiener Industrie, für den Gross- und Transitohandel alle Bedingungen günstigen Erfolges geboten waren. In richtiger Erkenntniss dieser Grundbedingungen des Gedeihens verlegten die grossen industriellen Unternehmungen ihre Erzeugungsstätten immer mehr in die Vororte, investirten in denselben grossartige Capitalien, sicherten sich die Dienste der billigeren Arbeitskräfte der Vororte und wuchsen hierdurch zu der Stufe der Entwicklung heran, deren sich die Wiener Industrie heute erfreut.

Werden nun diese Vorbedingungen einer günstigen Wechselwirkung zwischen Stadt und Vororten durch eine namhafte Vertheuerung aller unentbehrlichen Lebensbedürfnisse und der wichtigsten Roh- und Hilfsstoffe der Industrie gewaltsam unterbrochen, so ist damit der bisherige Betrieb und die Weiterentwicklung einer grossen Anzahl von Industriezweigen in den Vororten nicht nur in Frage gestellt, sondern geradezu unmöglich gemacht. Sie müssten neue, ausser dem erweiterten Verzehrungssteuer-Rayon, also weitab von der Stadt gelegene Stätten aufsuchen, wohin ihnen die Masse der Arbeiter und der von diesen lebenden Geschäftsleute und Bevölkerungsclassen folgen würden; durch die grössere Entfernung von den Verkaufs- und Absatzstätten in der Stadt selbst würde aber der Betrieb erschwert, und durch die Entwerthung der jetzt bestehenden Gebäude und Etablissements in den alten Vororten viele jetzt blühende Unternehmungen zum Ruine gebracht. Solche trostlose Consequenzen für den Fall, dass die Erweiterung des Verzehrungssteuer-Rayons zur Wahrheit würde, werden von den bedeutendsten der in den Vororten jetzt bestehenden, blühenden Fabriks- und Gewerbsunternehmungen nur zu gegründet befürchtet. Eine der bedeutendsten Waggonfabriken in den Vororten, welche 25.000 Metercentner Kohle im Werthe von 16.000 fl, über 200 Metercentner Oele und Schmiermittel im Werthe von 9000 fl. verbraucht und wöchentlich an 8000 fl. Löhne zahlt, also im Jahre an eine halbe Million an Betriebskosten auslegt, erklärt, dass sie sich bei

Vertheuerung dieser Rohstoffe durch die Ansätze des Steuertarifes, in Verbindung mit der zu gewärtigenden 10percentigen Erhöhung der Arbeitslöhne, im Ganzen bei einer Mehrausgabe von 50.000 fl., vollkommen concurrenzunfähig erkennen müsste. Eine völlig gleiche Anschauung liegt von einer der bedeutendsten Maschinenfabriken in den Vororten vor, welche über 20.000 Metercentner Kohle im Werthe von 14.400 fl., 100 Metercentner Oele und Schmiermittel im Werthe von 4500 fl. verbraucht und bei einem Arbeiterstande von 150 im Local und nahezu doppelt so vieler ausser demselben verwendeten Löhne in der Höhe von 130.000 fl. per Jahr zahlt, daher sich die Mehrkosten durch Verzehrungssteuer und Lohnerhöhung auf mindestens 15.000 fl. stellen würden. Ein vertrauenswürdiger Vertreter der Knopffabrication, welche sich völlig in die Vororte gezogen hat und dort noch zumeist in der Form der Hausindustrie betrieben wird, erklärt, dass dieser Betriebszweig bei Vertheuerung der Löhne und der für diese Branche unentbehrlichen Hilfsstoffe in den Vororten vollständig unmöglich gemacht und vernichtet würde. Die zahlreichen Fuhrwerksunternehmungen, nach der Zählung 846 mit 3374 Arbeitern, wie die beiden Pferdebahnen mit ihren in den Vororten wohnenden 928 Bediensteten, welche der geringeren Platz- und Futterpreise wegen ihre umfangreichen Remisen in den Vororten errichtet und in denselben über 5000 Pferde eingestallt haben, vermöchten bei einer Vertheuerung durch den Verzehrungssteuer-Tarif sammt 20percentigem Staatszuschlag und Gemeindezuschlag, die für 100 Kilogramm Hafer 76 kr., für 100 Kilogramm Heu 27 kr. und für 100 Kilogramm Stroh, Kleien und Häckerling 29 kr. beträge, in den Vororten nicht mehr zu bestehen. Seitens der Weingrosshändler liegt die Erklärung vor, dass die Einbeziehung ihrer ausser den Linien gelegenen Kellereien und Magazine in den Verzehrungssteuer-Rayon den Betrieb völlig unmöglich machen, sie zwingen würde, neue derlei Anlagen ausserhalb des Verzehrungssteuer-Rayons zu schaffen, wodurch das jetzt investirte, auf 30 Millionen Gulden geschätzte Capital fast völlig entwerthet würde. Und ganz gleich erginge es mit den Baulichkeiten, Werksvorrichtungen und Anlagen einer grossen Menge anderer Industrien in den Vororten, deren Werth nach den geringsten Annahmen auf 70 bis 100 Millionen Gulden veranschlagt wird. Die Entwerthung so grosser Anlagecapitalien hätte aber nicht nur die grössten Verluste und den Ruin des Einzelnen, sondern eine gleich empfindliche Schädigung der Vororte zur Folge, in welchen diese Etablissements bestehen. Ihnen entgingen nicht nur die sehr erheblichen von diesen grossen Industrien geleisteten Beisteuern zum Gemeindehaushalte, sondern die Uebersiedlung derselben in weitere, ausser dem Verzehrungssteuer-Rayon gelegene Regionen hätte auch eine Fortwanderung der unmittelbar beschäftigten Arbeiter, zahlreicher Hilfsgewerbe und jener Erwerbszweige zur Folge, welche jetzt von dem Gros der industriellen Bevölkerung der Vororte ihren Unterhalt haben. Entwerthung von Grund und Boden, Leerbleiben einer grossen Zahl von Wohnungen, empfindlichste Beeinträchtigung der in den jetzigen Vororten verbleibenden Geschäftsleute müsste die unmittelbare Consequenz einer solchen Entvölkerung der jetzt dichter als die Stadt besiedelten Vorortegemeinden sein.

Solche Folgen müssten für die Vororte durch die Einbeziehung in den Verzehrungssteuer-Rayon um so sicherer entstehen, als die Preise der wichtigsten, allgemein unentbehrlichen Lebensmittel in den an die Stadt grenzenden Vororten wohl billiger stehen als in dieser, wodurch eben die grosse Ansammlung der Arbeiter- und sonstigen wenig bemittelten Bevölkerungsclassen hervorgerufen wurde, der Unterschied aber doch nicht so gross ist, als er sich aus der höheren Verzehrungssteuer der Stadt ergeben würde. Die Ursache liegt einerseits in den grösseren Transportkosten nach den Vororten, sowohl bei den allgemeinen Verbrauchsartikeln, als bei den Materialien und Hilfsstoffen der gewerblichen Beschäftigungen, die ihre Nachwirkung auf die Preise im Allgemeinen üben, anderseits aber darin, dass die Approvisionirung von Aussen zumeist und in erster Reihe der Stadt zuströmt, durch das grössere Angebot und die Concurrenz daher dort die Preise mehr gedrückt werden als in den Vororten. Dies geht so weit, dass in den weiter entlegenen Vororten die Preise der Lebensmittel mit jenen der Stadt gleich hoch, ja im Einzelnen sogar höher stehen. Nach den Ausweisen des städtischen Marktcommissariates und den Angaben der Marktcommissäre der Vorortegemeinden ergab sich im Jahre 1882 durchschnittlich der Detailpreis für

			in Wien				in den Vororten			
			von		bis		von		bis	
			fl.	kr.	fl.	kr.	fl.	kr.	fl.	kr.
1	Kilo	Rindfleisch . . .	—	42	—	85	—	40	—	76
1	„	Kalbfleisch . .	—	40	—	90	—	40	—	70
1	„	Schaffleisch . .	—	36	—	85	—	24	—	65
1	„	Schweinefleisch	—	64	1	—	—	56	—	85
1	„	Auszugmehl . .	—	24	—	30	—	20	—	26
1	„	Mundmehl . . .	—	22	—	26	—	16	—	22
1	„	Semmelmehl .	—	18	—	22	—	13	—	19
1	„	Gries	—	24	—	30	—	20	—	26
100	„	Kartoffeln . . .	2	80	5	50	2	50	5	50
1	Liter	Milch	—	16	—	20	—	16	—	20
1	Raummeter	hartes Brennholz .	5	—	7	—	4	—	7	—
1	„	weiches Brennholz .	4	25	5	75	3	50	5	—
50	Kilo	Steinkohle . . .	—	78	1	05	—	80	1	30

Bei einigen Artikeln, wo der Transport ins Gewicht fällt, überwiegen die Kosten der Zufuhr, welche um desto höher werden, je weiter einzelne Vororte entlegen sind, den Einfluss der Verzehrungssteuer, und zwar um so mehr, je geringer der Steuersatz für Wien ist. So namentlich bei der fast ohne Ausnahme über Wien zugeführten Steinkohle, dann in einer Anzahl von Vororten auch beim Holz, den Kartoffeln. Bei der von der Steuer nicht betroffenen Milch stellt sich der Preis für Stadt und Vororte völlig gleich hoch, ja in einigen Vororten höher, soweit nicht die nach der Stadt organisirte Zufuhr aus weiten Entfernungen auch in den an die Stadt grenzenden Vororten sich fühlbar macht und den Preis ausgleicht. Bei allen übrigen wichtigen Consumartikeln aber lässt sich erkennen, dass der Preisunterschied zwischen Stadt und Vororten im Kleinverschleisse nicht so gross wird, als er sich nach Zurechnung des für Wien bestehenden

Steuersatzes ergeben müsste. So ist für 100 Kilo frisches Rindfleisch 2 fl. 75 kr. nebst dem 20percentigen Zuschlage (55 kr.) und 37 kr. Gemeindezuschlag zu zahlen, zusammen 3 fl. 87 kr., der Kilo wird also gegen die Vororte um fast 4 kr. vertheuert. Derzeit beträgt der Preisunterschied bei den wohlfeilen Rindfleischsorten in den Vororten gegen die Stadt nur 2 kr. Bei allen anderen Fleischgattungen ist der Steuersatz per 100 Kilo 4 fl. 91 kr., der 20percentige Zuschlag 98 kr., der Gemeindezuschlag 1 fl. 23 kr., zusammen 6 fl. 12 kr., per Kilo also über 6 kr., während derzeit die wohlfeilen Kalbfleischsorten in Wien und Vororten gleichen Preis haben, Schaf- und Schweinefleisch eben knapp um die Steuerdifferenz in den Vororten billiger sind. Für Mehl aller Sorten beträgt der Steuersatz für 100 Kilo 62 kr., der 20percentige Staatszuschlag 12·4 kr., der Gemeindezuschlag 16 kr., zusammen 90·4 kr., also per Kilo 0·9 kr. Der jetzige Preisunterschied aber stellt sich auf 3 bis 6 kr. bei den verschiedenen Sorten Mehl. Wer glaubt aber, dass die Mehlhändler vor der Linie nach Hinausrückung derselben beim Kleinverschleisse es bei dem einen Kreuzer bewenden lassen werden, um welchen der Kilo dieses unentbehrlichsten aller Lebensmittel in Wirklichkeit steigen müsste? Je unbemittelter aber die Bevölkerung im Allgemeinen, desto schwerer wird sie eben von der Vertheuerung dieses Consumtionsartikels betroffen. Wird die städtische Verzehrungssteuer auf die Vororte ausgedehnt, so steigen die Consumtionsartikel nicht nur um den höhern Steuersatz im Preise, sondern der Kleinverschleisser wird es dabei nirgends bewenden lassen, sondern bei Bestimmung des Marktpreises, namentlich bei der Abgabe kleiner Quantitäten, wo es sich um Ausgleichung handelt, stets zur höheren Preiseinheit greifen, in welcher Weise sich dann in den Vororten entschieden höhere Preise, und besonders für die Lebensmittel minderer Qualität, welche für die Bewohner der Vororte von besonderer Wichtigkeit sind, ergeben müssten, als in der Stadt.

Resumé.

Wir haben nachgewiesen, wie die Vororte Wiens eine Reihe wohlgeordneter Gemeinwesen bilden, deren Mittel und Vermögen vollständig zureichen, um allen Anforderungen der Selbstverwaltung zu entsprechen. Die in neuerer Zeit ungemein rasch gestiegene Volkszahl derselben nimmt aber die materiellen Kräfte dieser Gemeinden auch vollends und um so mehr in Anspruch, als die Bewohnerschaft der Vororte sich zum grössten Theile aus wenig vermöglichen und unbemittelten Classen zusammensetzt. Die Vororte wie der X. Bezirk Wiens werden wegen der geringeren Preise der Lebensmittel und Miethen vorzugsweise von den Bewohnerschichten mit geringem, schwankendem Einkommen als Wohnorte aufgesucht, wo sie mit ihren zahlreichen Familien weit dichter als in der Stadt zusammengedrängt hausen, ihrem Erwerb aber grösstentheils in der Stadt nachgehen oder einen solchen für die Bedürfnisse der Stadt betreiben. Je mehr daher die Vororte sich in den zwei letzten Jahrzehnten entwickelt haben und noch weiter sich entwickeln, desto grösseren Vortheil hat die Stadt selbst davon, weil in den Vororten Raum für eine Masse von Industrien und Geschäftsunternehmungen, welche in der Stadt nicht fortzukommen vermögen, günstigere Bedingungen für deren Betrieb und billigere Lebensbedingungen für die 126.000 Arbeiter und Taglöhner bei Industrie und Gewerben mit ihren mindestens eben so vielen Angehörigen geboten sind. Von diesen Arbeitern sind nachweisbar 80.000, d. i. über sechs Zehntel der in den Vororten wohnenden ausschliesslich oder vorzugsweise für die Bedürfnisse der Grossstadt und deren Handel beschäftigt, kommt also das Resultat ihrer Arbeit der Stadt zu Gute.

Diese gedeihliche Wechselwirkung kann aber nur so lange stattfinden, als die bisherige Entwicklung der Vororte ungestört bleibt, die Bedingungen des Gedeihens der Vororte nicht gewaltsam unterbunden und vernichtet werden. Eine solche Katastrophe muss unvermeidlich eintreten, wenn durch die Einbeziehung der Vororte in den Verzehrungssteuer-Rayon denselben Opfer zugemuthet werden, zu deren Leistung die Mittel, die ganzen wirthschaftlichen Zustände dieser Gemeinden ausser allem Verhältnisse stehen und nicht im entferntesten zureichen. Woher sollen die Mittel genommen werden, eine Steigerung der Lasten zu ertragen, die nach der für die Vororte günstigsten Annahme mehr als das Fünffache der bisherigen Leistungen betragen, die Einnahmen aus den gesammten derzeitigen Gemeindeumlagen mindestens um das Doppelte übersteigen würden?

Und wenn dann die unvermeidlichen Folgen einer solchen Massregel sich einstellen, die grossen Etablisements und Unternehmungen der Vororte veröden oder neue Stätten ausser der erweiterten Verzehrungssteuer-Linie aufsuchen, die Massen der Arbeiter und der von denselben abhängigen Geschäftsleute ihnen nachziehen, hierdurch die Vororte einen beträchtlichen Ausfall ihrer Bewohnerzahl erleiden. Grund und Boden, wie Gebäude, namentlich in der Nähe der jetzigen Linie entwerthet werden, die Miethpreise sinken und so die allgemeine Steuerkraft geschwächt wird — wer wird aufkommen für den finanziellen Ausfall? Wie wird es mit den auf den Liegenschaften investirten Hypotheken ergehen, Witwen- und Waisengelder, welche in gutem Vertrauen auf eine gleichbleibende, ja allmählich steigende Rentabilität von Grund und Boden, wie Häusern in den Vororten angelegt wurden? So müssten die unseligen Folgen eines Beginnens, wie jene Anträge den Vororten zumuthen, immer weitere Kreise in Mitleidenschaft ziehen und über die Nächstbetheiligten und unmittelbaren Steuerträger hinaus würde das allgemeine Volkswohl, Stadt und Vororte, Land und Staat aufs tiefste geschädigt. Oder glaubt man durch solche Massregeln der Lösung der socialen Frage überhaupt in Wien näher zu rücken?

Von je mehr und verschiedenen Seiten man die Anträge der Referenten des Magistrats und der Verzehrungssteuer-Commission des Gemeinderathes betrachtet, desto mehr stellt sich die Ueberzeugung ihrer völligen Undurchführbarkeit heraus. Obwohl sie ansinnen, über gesetzlich gewährleistete Rechte, über die Selbstständigkeit, über Mittel und Habe der Vororte ohne Scheu wegzuschreiten und den Vororten Opfer zuzumuthen, welche einer Vernichtung dieser Gemeinwesen gleichkämen; gelangen sie doch zu keinem Antrage, der auch nur den Eingang jenes Ertrages der Verzehrungssteuer gewärtigen liesse, der bis jetzt immer eingebracht wurde und auch weiter insolange eingebracht werden muss, bis die Frage der indirecten Besteuerung überhaupt zu glücklicher Lösung gelangt. Es ist dies vielleicht gut für die Vororte. Denn eben durch solche Anträge muss die Commission, welche von der Regierung zur Erörterung der Verzehrungssteuerfrage berufen werden wird, die Ueberzeugung gewinnen, dass es ganz anderer Vorlagen und Gesichtspunkte bedarf, wenn an die gedeihliche Lösung so wichtiger Fragen mit Aussicht auf Erfolg geschritten werden soll. An solchen Anhaltspunkten fehlt es ja nicht; in den Anträgen des Referenten der Steuerreform-Commission des Gemeinderathes und des Steuerausschusses des Abgeordnetenhauses liegt reiches Material auch über die Frage der Verzehrungssteuer von Wien und dessen Vororten vor, die in der neuesten Denkschrift des Club der Wiener Weinhändler ausgesprochenen Ansichten verdienen Beachtung und mehrere Fachmänner sind bereits mit voller Erwägung werthen Anträgen hervorgetreten. An dieser Versammlung wird es liegen, Mittel und Wege zu bezeichnen und darüber einig zu werden, wie der Gesammtheit genützt werden kann, ohne Einzelne ins innerste Mark zu schädigen. In solcher Art, bei sachverständigem Entgegenkommen aller Betheiligten wird daher die Frage der Verzehrungssteuer wohl glücklich zu lösen, dabei aber doch das Recht und Eigen der Gemeinwesen zu wahren sein, über welche nach den bisherigen Anträgen ohne jegliche rechtliche Handhabe verfügt werden soll.

Anhang I.

Einnahmen, Ausgaben und Vermögensstand

der Vororte im Jahre 1881.

Gemeinden	Einnahmen: ordentliche: aus Umlagen (fl. kr.)	andere (fl. kr.)	Summe (fl. kr.)	ausserordentliche (fl. kr.)	Zusammen (fl. kr.)	auf den Kopf der Bevölkerung (fl. kr.)
Hernals	194.972 43½	59.772 64	254.745 07½	360.000 —	614.745 07½	10 19·9
Währing	155.538 01	19.839 23	175.377 24	494.152 51	669.529 75	16 68·2
Fünfhaus	146.871 72	8.399 52	155.271 24	51.218 67	206.489 91	5 16·6
Ottakring	104.402 —	30.039 81½	134.441 81½	425.137 74	559.579 55½	11 95·3
Unter-Meidling	80.641 —	40.639 —	121.280 —	535.130 —	655.110 —	20 77·3
Rudolfsheim	115.641 06	10.902 07	126.546 13	12.073 92	138.620 05	4 63·4
Neu-Lerchenfeld	80.810 57	12.654 98	93.465 55	51.940 50	145.406 05	5 60·7
Simmering	33.968 50	55.328 77	89.297 27	—	89.297 27	4 55·6
Penzing	36.301 62	17.598 04	53.899 66	— —	53.899 66	4 19·3
Gaudenzdorf	51.382 65	11.669 43	63.052 08	2.500 —	65.552 08	5 29·9
Sechshaus	29.419 58½	6.814 92	36.234 50½	3.193 93½	39.428 44	3 38·4
Ober-Döbling	57,051 77	46,370 74	103.422 51	85.741 08	189.163 59	21 60·3
Heiligenstadt	20.103 45	5.115 25	25.218 70	10.049 12	35.267 82	7 96·0
Nussdorf	21,098 75	4.640 76	25.739 51	1.411 95	27 151 46	6 31·7
Breitensee	8.100 —	3.100 —	11.200 —	1.000 —	12.200	3 76·0
Hietzing	12.940 18	8.002 51½	20.942 69½	358 91	21.301 60½	7 08·0
Ober-Meidling	6.436 91	13.222 11	19.659 02	—	19.659 02	7 61·5
Dornbach	12.947 04	2.174 42	15.121 46	9.500	24.621 46	10 59·9
Hütteldorf	5.533 93	13.982 88	19.516 81	—	19.516 81	8 63·2
Baumgarten	114 45	6.372 75	6.487 20	9.131 83	15.619 03	8 10·2
Unter-Döbling	8.046 97	2.541 15	10.588 12	344 —	10.932 12	6 33·4
Unter-Sievering	7.206 35	1.925 72	9.132 07	—	9.132 07	5 86·1
Weinhaus	3.460 53	7.300 74	10.761 27	26.705 56	37.466 83	26 15·9
Gersthof	5.026 53	1.745 11	6.771 64	4.000 —	10.771 64	7 85·3
Grinzing	5.507 82	5.055 50	10.563 32	—	10.563 32	8 07·4
Pötzleinsdorf	4.396 72	2.386 48	6.783 20	—	6.783 20	10 97·5
Kahlenbergerdorf	1.495 30	— —	1.495 30	45 —	1.540 30	2 65·6
Ober-Sievering	1.185 90	184 95	1.370 85	1.913 60	3.284 45	5 74·2
Neustift am Walde	46 —	3.399 —	3.445 —	— —	3.445 —	6 57·4
Neuwaldegg	3.382 95	1.986 70	5.369 65	3.633 15	9,002 80	21 34·4
Salmannsdorf	1.350 —	159 —	1.509 —	— —	1.509 —	5 25·9
Summe	1,213,383 70	403.324 19	1,616.707 89	2,088.181 47½	3,706.889 36½	10 17·0

Gemeinden	Ausgaben: ordentliche (fl. kr.)	ausserordentliche (fl. kr.)	Zusammen (fl. kr.)	auf den Kopf der Bevölkerung (fl. kr.)	Activa: Summe (fl. kr.)	auf den Kopf der Bevölkerung (fl. kr.)	Passiva: Summe (fl. kr.)	auf den Kopf der Bevölkerung (fl. kr.)
Hernals	447.346 86½	121.322 37½	568.669 24	9 42·9	1,217.556 15	20 19·0	906.396 81½	15 03
Währing	603.455 48	44.231 98	647.687 46	16 13·8	678.954 03	16 91·8	542.710 41	13 52
Fünfhaus	150.427 46	2.212 80	152.640 26	3 81·9	557.360 38	13 94·5	327.549 88	8 19
Ottakring	539.012 75½	3.168 35	542.181 10½	11 49·0	791.361 43½	21 14·9	501.051 71½	13 29
Unter-Meidling	98.085 —	519.728 —	617.813 —	20 53·2	923.591 —	29 27·3	579.099 —	18 35
Rudolfsheim	139.091 52	6.524 46½	145.615 98½	4 86·8	481.436 01	16 09·3	324.574 96	10 85
Neu-Lerchenfeld	113.110 32	17.992 49	131.102 81	5 11·0	379.587 43	14 79·4	247.261 28	9 66
Simmering	84.596 57	— —	84.596 57	4 31·6	310.272 09	15 83·0	109.273 78	5 32
Penzing	50.414 22	1.760 98	52.175 20	4 04·9	285.961 50	22 19·3	100.230 —	7 77
Gaudenzdorf	61.340 61	5.363 54	66.704 15	5 38·9	162.388 13	13 12·8	67.668 86	5 46
Sechshaus	39.661 20	7.941 01	46.602 21	4 00·0	200.332 25	17 47·0	130.460 26½	11 19
Ober-Döbling	186.160 17	2.805 60	188.966 07	21 58·1	150.117 07	17 14·5	72.200 —	8 24
Heiligenstadt	29.550 56	117 91	29.668 47	6 60·6	105.189 24	23 74·0	96.180 71	21 70
Nussdorf	25.076 19	1.473 91	26,550 10	6 20·6	105.678 12	24 70·2	81.520	19 05
Breitensee	12.150 —	50 —	12.200 —	3 76·0	70.200 —	21 63·4	40.700 —	12 54
Hietzing	32.049 06	1.044 36	33.093 42	11 30·8	160.942 60½	56 53·4	690 65	— 23
Ober-Meidling	13.000 07	— —	13.000 07	5 15·6	72.343 50	28 86·8	15.206 75	6 00
Dornbach	18.168 61	6.452 53	24.621 14	10 50·9	69.150 —	29 76·7	23.400 —	10 07
Hütteldorf	14.239 43	939 78	15.179 21	6 71·3	84.615 11	37 42·4	20.000 —	8 84
Baumgarten	10.073 37	4.895 77	14.969 14	8 05·2	172.460 03	92 77·5	8.990 —	4 83
Unter-Döbling	10.171 69	—	10.171 69	5 89·3	47.034 22½	27 25·0	21.225 29	12 29
Unter-Sievering	9.956 11	348 20	10.304 31	6 61·4	25.713 74	16 50·4	13.247 76	8 50
Weinhaus	6.555 19	26.705 56	33.260 75	23 48·8	47.068 29	33 66·4	25.906 31	18 29
Gersthof	9.944 84	119 84	10.064 68	7 31·6	44.400 —	32 40·8	38.300 —	27 95
Grinzing	10.515 94	— —	10.515 94	8 05·8	57.353 09	43 94·9	45.690 —	35 16
Pötzleinsdorf	21.716 76	1.000 —	22.716 76	36 52·1	19.206 55	79 11·4	— —	— —
Kahlenbergerdorf	1.530 09	278 51	1.808 60	3 11·8	4.209 22	7 30·1	— —	— —
Ober-Sievering	2.377 73	268 34	2.646 07	4 65·8	12.435 40	21 89·3	4.311 64	7 50
Neustift am Walde	3.058 —	100 —	3.158 —	6 02·6	12.503 —	23 86·1	10.703 —	20 42
Neuwaldegg	4.143 71	1.939 43	6.083 14	15 80·0	20.503 —	53 48·6	7.000 —	18 18
Salmannsdorf	1.734 —	— —	1.734 —	6 01·2	1.246 —	4 34·1	1.000 —	3 48
Summe	2,747.713 82	809.685 73	3,557.399 55	9 76·0	7,014.129 68½	20 04·8	4,362.454 19½	11 98

66.511	61	71.915	14	603.466	07$^1/_2$	15	10
34.580	54	35.113	10	303.426	06	9	62
46.653	79	48.323	66	411.035	62	13	74
27.632	86	27.861	90	233.784	19	18	89
23.275	61	23.911	14	185.848	11	15	95
4.693	76	4.614	94	38.460	66	15	35
03.357	17	211.739	88	1,776.020	71$^1/_2$		
21.015	80	20.020	22	167.101	86	12	97
4.104	—	3.825	36	33.832	16	10	43
12.283	81	12.554	52	96.261	77	32	08
11.815	52	10.576	72	75.278	68	33	30
2.308	56	2.211	66	14.687	24$^1/_2$	7	90
51.527	69	49.188	48	387.161	71$^1/_2$		
63.831	22	71.170	—	646.770	65	10	73
4.618	84	3.826	68	36.989	61	15	92
3.179	34	1.924	12	17.541	45	45	56
71.629	40	76.920	80	701.301	71		
30.448	46	35.055	68	321.032	83	8	58
26.381	25	30.689	56	268.622	41	·10	47
56.829	71	65.745	24	589.655	24		
44.936	76	41.860	28	418.826	51	10	44
21.598	05	18.329	74	178.022	32$^1/_2$	20	33
10.405	59	7.612	—	72.268	52	16	31
11.116	23	8.833	44	83.731	15	19	57
3.647	35	2.913	90	27.972	75$^1/_2$	16	21
2.718	52	2.243	12	21.882	13	14	05
2.767	60	2.297	90	20.700	24	14	62
2.942	56	2.424	84	22.166	96	16	18
4.417	32	3.440	14	29.928	02$^1/_2$	22	93
3.138	11	2.553	98	22.609	59$^1/_2$	36	35
982	17	839	96	6.955	30	11	99
1.209	49	1.022	56	7.649	10$^1/_2$	13	47
755	58	652	96	4.905	15	9	36
712	70	502	70	4.985	90	17	37

Anhang III.

Gewerbliche und industrielle Bevölkerung der Vororte
auf Grundlage der Volkszählung vom 31. December 1880.

A. Nach Gemeinden.

Gemeinde	Anzahl der			Zusammen
	Unternehmer	Hilfsarbeiter und Lehrlinge	Familienglieder	
Hernals	3.993	21.557	21.080	46.630
Neu-Lerchenfeld	1.559	8.247	8.338	18.144
Ottakring	2.148	11.618	11.760	25.526
Währing	2.232	8.799	10.592	21.623
Fünfhaus	2.582	12.383	15.074	30.039
Unter-Meidling	1.827	7.983	10.217	20.027
Ober-Meidling	288	346	840	1.474
Rudolfsheim	2.360	8.526	10.036	20.922
Simmering	956	4.294	3.684	8.934
Dornbach	155	324	103	582
Neuwaldegg	43	33	52	128
Ober-Döbling	325	1.191	1.335	2.851
Unter-Döbling	136	215	562	913
Gersthof	70	127	151	348
Grinzing	139	160	417	716
Kahlenbergerdorf	35	46	125	206
Neustift am Walde	84	153	174	411
Nussdorf	293	965	699	1.957
Pötzleinsdorf	93	281	314	688
Salmannsdorf	36	47	121	204
Ober-Sievering	67	35	89	191
Unter-Sievering	132	87	396	615
Weinhaus	91	89	217	397
Baumgarten	117	244	294	655
Breitensee	222	941	860	2.023
Hietzing	106	196	381	683
Hütteldorf	105	275	293	673
Heiligenstadt	304	956	1.872	3.132
Penzing	706	2.277	5.032	8.015
Gaudenzdorf	610	2.158	1.276	4.044
Sechshaus	750	3.314	3.637	7.701
Zusammen	22.564	97.867	110.021	230.452

Anhang IV.

Gewerbliche und industrielle Bevölkerung der Vororte
auf Grundlage der Volkszählung vom 31. December 1880.

B. Nach Berufsarten.

Berufsart	Eigenthümer Unternehmer Meister	Hilfsarbeiter Lehrlinge	Familien- mitglieder	Zusammen
Landwirthschaft	821	1.100	2.215	4.136
Gärtner	509	662	2.317	3.488
Baumeister, Maurer	145	4.097	3.907	8.149
Stuccateure	11	161	162	334
Steinmetze	28	457	620	1.105
Dachdecker	70	321	390	781
Zimmerleute	69	817	1.113	1.999
Zimmermaler	101	499	679	1.279
Sonstige Baugewerbe	158	1.027	1.177	2.362
Pflasterer	17	245	238	500
Maschinen-Erzeugung	72	2.257	1.413	3.742
Wagen-	9	941	48	998
Waffen-	18	254	288	560
Schlosser, Cassenfabrication	343	3.425	3.547	7.315
Schmiede	176	1.195	1.435	2.806
Spängler, Blechwaaren-Erzeugung	160	874	928	1.962
Klaviermacher	5	57	80	142
Verfertiger musikal. und sonst. Instrumente	119	714	809	1.642
Gürtler, Bronzearbeiter	144	1.280	1.313	2.737
Kupferschmiede	14	94	116	224
Gold- und Silberarbeiter	84	705	659	1.448
Erzeuger imitirter Metallwaaren	50	837	487	1.374
Glaser, Glashändler	107	314	526	947
Hafner, Geschirrhändler	79	191	279	549
Chemische Industrie	97	639	541	1.277
Parfumeure, Seifensieder	67	548	477	1.092
Wirthe, Kostgeber	1233	3.631	4.023	8.887
Weinschänker	135	103	298	536
Weinhändler	51	275	260	586
Victualienhändler	1696	350	3.184	5.230
Fragner, Greisler	1115	128	2.551	3.794
Fleischhauer, Selcher	472	2.391	2.417	5.280
Viehhändler	113	108	381	602
Latus	8288	30.697	38.878	77.863

Berufsart	Eigenthümer Unternehmer Meister	Hilfsarbeiter	Lehrlinge	Familienmitglieder	Zusammen
Transport	8.288	30.697	38.878	77.863
Geflügelhändler	290	22	387	699
Milchmeier	721	803	1.903	3.427
Kaffeesieder, Kaffeeschänker	221	536	721	1.478
Müller	22	115	163	300
Bäcker, Mehlspeismacher	283	2.307	2.125	4.715
Zuckerbäcker, Lebzelter, Chocoladenmacher	114	412	484	1.010
Bierbrauer	14	948	599	1.561
Branntwein-Erzeuger und Verschleisser	583	187	1.341	2.111
Tabakfabrication und Verschleiss	334	117	464	915
Weber	158	2.044	2.501	4.703
Tuchfabrication	8	170	159	337
Seidenzeugmacher	12	821	394	1.227
Posamentirer	27	714	431	1.172
Bandmacher	17	423	514	954
Seiler	24	128	177	329
Zwirnmacher, Spinnerei	10	637	18	665
Seidenfärber	5	154	50	209
Schön- und Schwarzfärber	50	511	453	1.014
Zeugdrucker	21	495	736	1.252
Appreteure, Tuchscheerer	22	196	229	447
Weiss- und Kunstwäscher	701	4.106	2.020	6.827
Strumpfwirker	23	174	141	338
Watte- und Deckenmacher	19	125	83	227
Pfaidler, Weissnäher	340	3.649	1.233	5.222
Putz- und Modewaaren	135	811	383	1.329
Blumenmacher, Federschmücker	78	867	242	1.187
Kleidermacher	967	5.332	5.205	11.504
Schirmmacher	43	192	189	424
Strohhutmacher	7	108	109	224
Schuhmacher	1.383	7.961	8.044	17.388
Handschuhmacher	65	605	465	1.135
Kürschner, Kappenmacher	72	205	357	634
Hutmacher	134	975	951	2.060
Friseure, Barbiere	282	371	608	1.261
Tapeten- und Buntpapier-Erzeugung	3	33	33	69
Buchdruckerei	23	1.048	747	1.818
Photographen	25	51	101	177
Xylographen	19	145	152	316
Latus	15.543	69.195	73.790	158.528

Berufsart	Eigenthümer Unternehmer Meister	Hilfsarbeiter Lehrlinge	Familienmitglieder	Zusammen
Transport	15.543	69.195	73.790	158.528
Figuren- und Gips-Industrie	20	121	117	258
Korb- und Sesselflechter	52	225	234	511
Tischler	907	6.505	6.709	14.121
Tapezierer	78	371	440	889
Vergolder	36	247	318	601
Schilder und Schriftenmaler	71	136	204	411
Wagner	81	338	448	867
Sattler	84	363	414	861
Riemer	41	170	203	414
Taschner	11	91	99	201
Papier-, Pappendeckel-Erzeugung	65	327	209	601
Gärber, Lederer, Lackirer	157	1.698	1.430	3.285
Buchbinder, Ledergalanteriearbeiter	109	1.187	1.062	2.358
Binder, Spielwaaren-Erzeuger u. Händler	167	556	791	1.514
Drechsler	657	5.391	4.370	10.418
Knopffabrication	96	886	466	1.448
Kammmacher	61	246	356	663
Bürstenbinder	58	198	213	469
Spediteure, Agenten	585	173	1.252	2.010
Fuhrwerke, Lohnkutscher, Omnibusse	846	3.374	5.129	9.349
Schiffleute, Dampfschifffahrt	1	42	82	125
Pferdebahn-Unternehmung	2	928	1.574	2.504
Eisenbahn- „	2	1.803	3.613	5.418
Kaufleute, Gemischtwaaren-Handlungen	718	2.082	2.561	5.361
Trödler, Tandler	249	32	641	922
Holz- und Kohlenhandel	379	231	990	1.600
Buch- und Kunsthandel	9	84	102	195
Hausirer	1.368	20	1.351	2.739
Zeitungspersonal	8	113	113	234
Graveure, Kupferstecher	26	256	250	532
Lithographen	12	250	213	475
Eisenhandel	8	10	35	53
Kanalräumer	2	—	6	8
Optiker	4	25	22	51
Saitenmacher	1	2	4	7
Siebmacher	1	—	5	6
Uhrmacher	43	173	187	403
Rauchfangkehrer	6	18	18	42
Zusammen	22.564	97.567	110.021	230.152

Anhang V.

Gewerbliche und industrielle Bevölkerung der Vororte

auf Grundlage der Ende 1882 vorgenommenen hausweisen Aufnahme.

A. Nach Gemeinden.

Gemeinde	Anzahl der Unternehmer	Hilfskräfte	Familienglieder	Zusammen	Von den Geschäften arbeiten für den Locobedarf	ein gleiches Geschäft in Wien	den Export
Hernals	2.512	5.497	9.428	17.437	2.043	732	109
Neu-Lerchenfeld	1.601	3.003	5.751	10.355	970	606	26
Ottakring	1.654	5.432	6.036	13.122	1.132	385	132
Währing	1.634	2.785	5.952	10.371	1.268	432	82
Fünfhaus	2260	5.974	8.847	17.081	1.631	593	70
Unter-Meidling	1.366	3.327	5.058	9.751	951	448	76
Ober-Meidling	298	317	840	1.455	377	64	5
Rudolfsheim	2.195	3.648	6.206	12.049	1.736	790	50
Simmering	821	4.684	2.899	8.404	774	392	36
Dornbach	157	364	106	627	155	30	1
Neuwaldegg	44	35	50	129	44	10	—
Ober-Döbling	350	1.674	1.270	3.294	339	113	30
Unter-Döbling	122	168	437	727	115	22	3
Gersthof	59	145	267	471	59	36	1
Grinzing	139	160	555	854	138	3	2
Kahlenbergerdorf	34	46	125	205	34	3	2
Neustift am Walde	12	32	36	80	9	3	—
Nussdorf	182	768	573	1.523	149	35	6
Pötzleinsdorf	78	281	314	673	76	4	1
Salmannsdorf	9	3	29	41	9	—	—
Ober-Sievering	33	14	79	126	33	—	—
Unter-Sievering	136	119	628	883	135	7	—
Weinhaus	79	133	249	461	75	37	6
Baumgarten	117	244	296	657	98	56	7
Breitensee	226	944	888	2.058	154	134	—
Hietzing	111	201	411	723	101	26	—
Hütteldorf	105	275	293	673	101	12	—
Heiligenstadt	310	873	1.083	2.266	246	103	16
Penzing	727	2.633	5.657	9.017	575	322	28
Gaudenzdorf	602	2.134	1.296	4.032	517	237	40
Sechshaus	760	2.041	2.973	5.774	446	322	21
Zusammen	18.733	47.954	68.632	135.319	14.490	5.957	750

Anhang VI.

Gewerbliche und industrielle Bevölkerung der Vororte.

Auf Grundlage der Ende 1882 vorgenommenen hausweisen Erhebung.

B. Nach Berufsarten.

Art des Geschäftes	Anzahl der			Zusammen	Von den Geschäften arbeiten für		
	Unternehmer	Hilfsarbeiter u. Lehrlinge	Familien-glieder		den Locobedarf	ein gleiches Geschäft in Wien	den Export
Landwirthschaft	415	609	1.602	2.626	414	3	—
Gärtner	468	467	2.125	3.060	429	412	12
Baumeister, Maurer . .	74	679	493	1.246	70	27	—
Stuccateure	8	20	29	57	8	4	—
Steinmetze	27	123	99	249	24	13	2
Dachdecker	38	72	141	251	36	8	—
Zimmerleute	54	436	239	729	53	19	1
Zimmermaler	59	48	217	324	58	16	—
Sonstige Baugewerbe . . .	143	901	547	1.591	125	40	8
Pflasterer	9	21	31	61	9	3	—
Maschinen-Erzeugung . . .	83	1.836	360	2.279	28	48	26
Wagen-Erzeugung	5	1.622	5	1.632	3	4	2
Waffen-Erzeugung	10	103	47	160	3	8	1
Schlosser u. Cassen-Erzeug.	302	1.059	1.267	2.628	248	102	23
Schmiede	144	458	631	1.233	122	40	7
Spängler u. Blechwaaren-Erz.	156	341	648	1.145	139	51	5
Klaviermacher	2	2	3	7	—	1	1
Instrumenten-Erzeugung . .	53	63	197	313	14	41	2
Gürtler, Bronzearbeiter . .	49	177	213	439	21	38	6
Kupferschmiede	14	35	56	105	12	8	—
Gold- und Silberarbeiter .	70	122	248	440	44	36	3
Erzeug. imit. Metallwaaren .	153	1.323	570	2.046	56	89	23
Glaser, Glashändler . .	92	90	339	521	90	5	—
Chemische Industrie . . .	155	1.283	595	2.033	90	55	50
Hafner, Geschirrhandel . .	56	61	167	284	55	17	—
Parfumeure, Seifensieder . .	69	659	632	1.360	65	14	15
Wirthe, Kostgeber	1.136	2.174	4.038	7.348	1.136	—	—
Weinschänker	225	289	692	1.206	222	3	—
Weinhändler	25	117	66	208	16	18	19
Victualienhändler	1.020	463	2.969	4.452	1.005	20	8
Fragner, Greisler	1.188	201	3.859	5.248	1.188	—	—
Latus	6.302	15.824	23.125	45.281	5.783	1.143	214

Art des Geschäftes	Anzahl der			Zusammen	Von den Geschäften arbeiten für		den Export
	Unternehmer	Hilfsarbeiter u. Lehrlinge	Familienglieder		den Locobedarf	ein gleiches Geschäft in Wien	
Translatus . . .	6.302	15.854	23.125	45.281	5.783	1.143	214
Fleischhauer, Selcher . . .	438	1.289	1.731	3.458	433	21	4
Viehhändler	58	63	180	301	48	16	6
Geflügelhändler	265	35	445	745	264	212	—
Wildprethandel	12	8	36	56	12	—	—
Milchmeier	709	767	2.359	3.835	701	82	—
Kaffeesieder u. Kaffeeschänker	215	321	559	1.095	215	—	—
Müller	5	25	26	56	5	2	1
Bäcker	252	1.366	1.148	2.766	256	32	—
Zuckerbäcker, Lebzelter und Chocolade-Erzeugung . .	102	246	548	896	94	12	1
Bierbrauer	9	953	47	1.009	9	9	4
Tabak-Fabrik u. Verschleiss	219	63	508	790	215	—	-
Branntwein-Erzeugung und Verschleiss	463	194	1.394	2.051	460	11	5
Weber	238	476	917	1.631	37	194	22
Tuch-Fabrik	4	70	20	94	1	2	2
Seidenzeugmacher . .	12	46	87	145	6	10	1
Posamentirer	19	42	73	134	14	11	—
Bandmacher	15	32	60	107	1	14	—
Seiler	22	53	84	159	20	13	2
Zwirnmacher, Spinnereien .	29	705	100	834	19	12	3
Seidenfärber	5	134	59	198	4	3	—
Schön- und Schwarzfärber .	62	452	247	761	39	42	7
Zeugdrucker	15	276	565	856	6	13	2
Appreteure, Tuchscheerer .	22	43	70	135	14	10	—
Weiss- und Kunstwäscher .	284	1.287	875	2.446	182	221	—
Strumpfwirker	24	103	78	205	7	17	5
Watte- und Deckenmacher .	11	79	36	126	5	11	—
Pfaidler, Weissnäher . . .	297	334	806	1.437	291	90	—
Putz- und Modewaaren . .	129	216	373	718	97	51	3
Blumenmacher und Federnschmücker	49	147	158	354	8	40	5
Kleidermacher	1.023	1.794	3.311	6.128	552	506	33
Schirmmacher	40	88	126	254	36	16	1
Strohhutmacher	4	19	34	57	4	4	—
Schuhmacher	2.008	3.707	6.407	12.122	927	1.027	70
Latus	13.361	31.287	46.592	91.240	10.765	3.847	391

Art des Geschäftes	Anzahl der				Von den Geschäften arbeiten für		
	Unternehmer	Hilfsarbeiter u. Lehrlinge	Familienglieder	Zusammen	den Locobedarf	ein gleiches Geschäft in Wien	den Export
Translatus . . .	13.361	31.287	46.592	91.240	10.765	3.847	391
Handschuhmacher . . .	45	92	152	289	30	25	2
Kürschner	59	81	229	369	44	17	4
Hutmacher	131	317	545	993	94	55	2
Friseure	228	208	603	1.039	224	6	—
Buchdrucker	17	92	61	170	12	8	—
Photographen	17	3	46	66	16	1	—
Graveure	17	19	60	96	9	10	—
Lithographen . . .	6	66	16	88	3	2	1
Xylographen	7	3	27	37	6	5	—
Figuren- und Gips-Industrie	17	50	59	126	6	13	1
Korb- und Sesselflechter .	42	75	143	260	35	23	2
Tischler	923	3.086	3.507	7.516	479	495	53
Tapezierer	75	99	258	432	63	23	1
Vergolder	34	94	120	248	22	21	3
Schilder- und Schriftenmaler	36	40	108	184	32	4	—
Wagner . . .	80	189	304	573	77	26	1
Sattler	66	115	232	413	61	25	1
Riemer	38	79	144	261	29	15	9
Taschner	15	23	53	91	8	11	—
Papier-Erzeugung	74	383	263	720	48	30	8
Gärber, Lederer, Lackirer .	114	1.173	390	1.677	73	52	30
Buchbinder, Ledergalanterie-Arbeiter	68	223	245	536	45	28	4
Binder, Spielwaaren-Erzeug. und Verschleiss	133	300	497	930	102	54	4
Drechsler . . .	745	3.439	2.649	6.833	177	486	159
Knopfmacher . . .	117	706	393	1.216	25	86	29
Kammmacher . . .	57	121	205	383	35	24	9
Bürstenbinder . .	46	113	180	339	36	27	2
Spediteure, Agenten . . .	141	93	345	579	108	47	2
Fuhrwerke, Omnibusse . .	525	2.242	3.409	6.176	417	272	1
Schiffsleute, Dampfschifffahrt	1	11	—	12	1	—	1
Pferdebahn-Unternehmung .	3	501	306	810	3	1	—
Eisenbahn-Unternehmung .	3	795	1.768	2.566	3	3	3
Kaufleute	493	742	1.586	2.821	479	9	3
Trödler	214	78	705	997	220	1	1
Latus	17.948	46.938	66.200	131.086	13.787	5.762	727

Art des Geschäftes	Anzahl der			Zusammen	Von den Geschäften arbeiten für		
	Unternehmer	Hilfsarbeiter u. Lehrlinge	Familien- glieder		den Locobedarf	ein gleiches Geschäft in Wien	den Export
Translatus	17.948	46.938	66.200	131.086	13.787	5.762	727
Holz- und Kohlenhandel	307	308	1.039	1.654	290	26	3
Buch- und Kunsthandel	4	6	21	31	4	—	—
Hausirer	221	63	489	773	211	73	—
Zeitungspersonale	22	9	78	109	22	2	1
Hadernhandel	29	33	118	180	18	10	7
Kanalräumer	9	77	48	134	7	3	—
Mechaniker, Optiker	32	177	95	304	14	18	4
Möbelhandel	4	2	16	22	4	1	1
Saitenmacher	2	—	6	8	1	2	—
Siebmacher	6	6	14	26	6	1	—
Schleifer	1	8	—	9	—	1	—
Rauchfangkehrer	19	42	54	115	19	2	—
Uhrmacher	69	87	234	390	56	28	1
Feilhauer	9	30	34	73	9	6	—
Eisenhandel	36	158	141	335	30	18	5
Zahntechniker	5	—	21	26	5	1	—
Zeugschmiede	3	7	7	17	—	3	—
Zwirnhandel	6	—	16	22	6	—	—
Dampfsäge	1	3	1	5	1	—	1
Zusammen	18.733	47.954	68.632	135.319	14.490	5.957	750